어린이 과학형사대 CSI ❸

초판   1쇄 발행 | 2008년 10월 6일
개정판 1쇄 발행 | 2024년 9월 2일

지은이 | 고희정
그린이 | 서용남
감   수 | 곽영직

펴 낸 곳 | ㈜가나문화콘텐츠
펴 낸 이 | 김남전
편 집 장 | 유다형
편   집 | 김아영
디 자 인 | 양란희
마 케 팅 | 정상원 한웅 정용민 김건우
경영관리 | 임종열

출판 등록 | 2002년 2월 15일 제10-2308호
주   소 | 경기도 고양시 덕양구 호원길 3-2
전   화 | 02-717-5494(편집부) 02-332-7755(관리부)
팩   스 | 02-324-9944
홈페이지 | ganapub.com
이 메 일 | ganapub@naver.com

ⓒ 고희정, 2008

ISBN 978-89-5736-454-3 (74400)
     978-89-5736-440-6 (세트)

* 책값은 뒤표지에 표시되어 있습니다.
* 이 책의 내용을 재사용하려면 반드시 저작권자와 ㈜가나문화콘텐츠 양측의 동의를 얻어야 합니다.
* 잘못된 책은 구입하신 서점에서 바꾸어 드립니다.
* '가나출판사'는 ㈜가나문화콘텐츠의 출판 브랜드입니다.

• 제조자명 : ㈜가나문화콘텐츠
• 주소 및 전화번호 : 경기도 고양시 덕양구 호원길 3-2 / 02-717-5494
• 제조연월 : 2024년 9월 2일
• 제조국명 : 대한민국
• 사용연령 : 4세 이상 어린이 제품

CSI, 멋진 형사가 되다

글 고희정 · 그림 서용남
감수 곽영직

가나

주인공 소개

박춘삼 교장 (66세)

- 어린이 형사 학교 교장. 똑똑한 어린이들을 모아 CSI를 만든다. 게으르고 잠꾸러기여서 교장실에서 주로 하는 일은 코 골며 잠자기.

어수선 형사 (34세)

- 박춘삼 교장의 조수 겸 형사. 항상 말 많고 어수선하고 덤벙대서 문제를 잘 일으킨다. 그러나 역시 사건이 터지면 박춘삼 교장과 환상의 콤비로 행동한다.

반달곰(12세)

- 동식물에 대한 지식이 깊다. 행동이 아주 느리지만 순수하고 착한 시골 아이. 곰과 비슷한 정도로 덩치가 크고, 힘도 아주 세서 힘쓸 일은 도맡아 한다.

나혜성(13세)

한영재(12세)

- 백과사전과 같은 잡학의 달인으로, 특히 우주와 지구에 대해 잘 알고 있다. 얼짱 꽃미남이지만 엄청난 잘난 척과 대단한 이기심을 가진 왕재수.

- 물리적 현상에 대한 지식과 기계 다루는 솜씨가 뛰어나다. 이미 고등학교 물리, 수학 문제를 다 풀 정도의 뛰어난 영재. 끈질긴 성격과 대단한 집중력이 있다.

이요리(13세)

- 화학적 현상에 대한 지식이 해박하다. 게다가 무엇이든 실험해 봐야 직성이 풀리는 불굴의 실험 정신을 지니고 있다. 요리를 좋아하고 재능도 많다.

차 례

- 스타가 된 '어린이 과학 형사대 CSI' • 6

사건 1: 쇠백로를 지켜라 • 12
　핵심 과학 원리 – 환경오염
　달곰이가 들려주는 사건 해결의 열쇠 • 40

사건 2: 무인도에서 생긴 일 • 44
　핵심 과학 원리 – 조석
　혜성이가 들려주는 사건 해결의 열쇠 • 70

사건 3: 다이아몬드를 찾아라 • 74
　핵심 과학 원리 – 물의 상태 변화
　요리가 들려주는 사건 해결의 열쇠 • 100

사건 4: 정전인데 감전 사고? • 104
　핵심 과학 원리 – 전기 회로
　영재가 들려주는 사건 해결의 열쇠 • 130

사건 5: 생태 공원 살인 사건 • 134
　핵심 과학 원리 – 꽃
　달곰이가 들려주는 사건 해결의 열쇠 • 160

- CSI, 방학을 기대하며 • 164

특별 활동 : CSI, 함께 놀며 훈련하다! • 170

찾아보기 • 180

스타가 된 '어린이 과학 형사대 CSI'

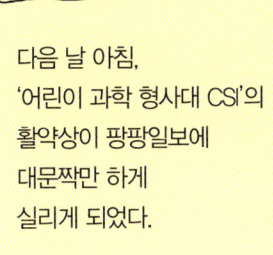

■ 핵심 과학 원리 – 환경오염

쇠백로를 지켜라

쇠백로는 100년이 넘게 우리 기포강에 찾아왔는데,
이런 이상한 일이 벌어지자 우리 마을은 난리가 났어.

 첫 번째 공식적인 사건 의뢰

"오늘도 역시 내 인기는 식을 줄 모른다니까! 하하하."

오늘도 역시 혜성이의 잘난 척은 식을 줄 모른다. 요즘 아이들은 쉬는 시간만 되면 컴퓨터 앞에 모여 앉는다. 어린이 과학 형사대의 팬 카페인 'CSI짱'에 들르기 위해서이다. 게시판에는 말 그대로 팬레터가 가득했는데, 그중에서도 혜성이의 인기는 정말 대단했다. 하지만 아무리 그래도 어떻게 하루도 빠지지 않고 잘난 척을 하는지……. 바로 그때였다.

"어, 이 글은 뭐지?"

게시판을 보던 영재가 말했다. 제목을 보니, '도와줘, 어린이 과학 형사대! 꼭!'이라고 씌어 있었다. 아이들은 영재가 가리키는 글을 주의 깊게 읽어 나갔다.

안녕? 난 강원도 조류군 기포면에 사는 김만희야. 우리 마을에 큰일이 생겼어. 우리 마을 최고의 자랑거리는 기포강에 사는 쇠백로인데, 작년부터 눈에 띄게 줄어들더니 이상하게도 옆 마을 말가강으로 다 이사를 가 버린 거야. 쇠백로는 100년이 넘게 우리 기포강에 찾아왔는데, 이런 이상한 일이 벌어지자 우리 마을은 난리가 났어. 우리 마을 사람들은 쇠백로가 마을을 지켜 준다고 생각하고 있었거든. 이유가 뭘까? 쇠백로를 다시 우리 마을에 오게 할 순 없을까?

도와줘, 어린이 과학 형사대! 꼭 부탁해.

"쇠백로? 쇠백로가 뭐야?"

요리의 물음에 혜성이가 깊은 지식을 드러내며 대답했다.

"황새목 왜가릿과의 새. 몸길이 60센티미터 정도 되고, 말 그대로 온몸이 흰색인 새지."

그러자 달곰이가 말을 보탰다.

"주로 논이나 습지, 강에서 살면서 작은 물고기, 개구리, 곤충 등을 잡아먹는 여름새야."

"천연기념물이야?"

이번에는 영재가 물었다.

"천연기념물은 아닌데, 한국에서는 흔하지 않은 새 중 하나지."

"그럼 뭐 그렇게 놀랄 것까진 없지 않나? 천연기념물도 아닌데."

영재의 말에 요리는 고개를 저으며 말했다.

"그건 아니야. 100년 이상 해마다 여름이면 찾아오던 새들이 찾아오지 않게 되면 당연히 왜 그런가 걱정되고 나쁜 일이 생길까 불안하겠지. 어, 가만! 그러고 보니 우리한테 온 첫 번째 공식적인 사건이네."

"정말!"

정말 그렇다. 이제껏 어쩌다 사고 현장에 있거나 아는 사람의 부탁으로 사건을 맡았지, CSI에게 직접 사건이 들어오기는 처음이다.

그것도 같은 또래에게서 온 것이니, 자신들의 존재가 친구들에게 큰 힘이 될 수 있다는 생각에 아이들은 기뻤다.

"우리가 맡아 보자."

"좋아!"

혜성이의 제안에 모두 O.K. 아이들은 가슴이 뛰었다.

 기포강으로 가다!

다행히 박 교장은 주말 동안 기포강에 다녀오도록 허락해 주었다. 물론 어 형사가 같이 가는 조건으로. 그래서 아이들은 토요일 아침 일찍 출발, 차로 4시간을 달려서 드디어 강원도 조류군 기포면에 도착했다.

굽이굽이 흐르는 강물과 강 반대편의 기암절벽, 강가에 소담스럽게 핀 야생화까지. 기포강에는 정말 도시에서는 볼 수 없는, 자연이 만들어 낸 절경이 그대로 펼쳐져 있었다.

"쇠백로다!"

달곰이가 가리키는 곳을 보니, 강 반대편 소나무 숲

에 하얀 쇠백로 몇 마리가 앉아 있었다. 푸른 물과 푸른 소나무, 그 경치와 어우러진 쇠백로의 모습은 마치 유명 화가의 산수화에서나 볼 법한 고즈넉한 풍경을 이루고 있었다. 지난해까지만 해도 수백 마리가 있었다니, 그 모습이 얼마나 멋졌을지 짐작이 갔다. 그렇게 강을 따라 10분쯤 올라갔더니, 멀리 커다란 정자나무가 보이고 마을이 나타났다. 그런데 정자나무 아래에 사람들이 잔뜩 모여 있었다.

"아이 참, 우리 온다고 마중까지 나오셨네. 하하하!"

어 형사가 너스레를 떨었다. 그때 달곰이가 말했다.

"좀 이상해요. 싸우는 거 같아요!"

정말 할아버지 두 분이 싸우고, 마을 사람들이 이를 말리고 있었다.

"지금 뭐라고 그랬어? 내가 빼돌렸다고? 증거 있어? 증거 있냐고?"

"아니, 그럼 100년씩이나 우리 마을에 있던 쇠백로가 하루아침에 너희 마을로 갔는데 빼돌린 게 아니고 뭐야? 뭐냐고?"

기포면 할아버지와 말가면 할아버지가 쇠백로 때문에 싸우고 있었다.

"아버지, 그만하세요. 아저씨도 참으세요. 노인회장님들께서 이렇게 싸우시면 안 되죠."

아하, 기포면 노인회장과 말가면 노인회장이구나! 그러자 우리의 어 형사, 잠깐의 틈새를 이용해 얼른 인사를 했다.

"안녕하십니까? 저는 서울에서 온 어수선 형사입니다."

형사? 모두 멈칫했다.

"혀, 형사? 형사가 무슨 일로?"

순식간에 모여 있던 사람들이 흩어져 버리고 말가면 노인회장도 슬그머니 자리를 피하는데, 그때였다.

"정말 왔네! 나 만희야. 게시판에 글 쓴 김만희."

출발하기 전 만희의 글에 댓글을 달았는데, 그걸 보고 기다린 모양이었다. 서로 반갑게 인사를 하고 나니, 기포면 노인회장이 말했다.

"아이고, 어린이 과학 형사대가 온다더니, 정말 왔구먼."

알고 보니 아까 싸우던 기포면 노인회장은 바로 만희의 할아버지, 말리던 사람은 만희의 아버지였다.

"100년을 넘게 마을을 지켜 왔던 쇠백로를 잃어버렸으니, 다 내가 모자란 탓이지. 내 죽어서 조상님들을 어떻게 뵐지······."

만희의 할아버지는 쇠백로가 옆 마을인 말가면으로 간 것이 자신의 탓이라고 생각하는 것 같았다.

"요즘 자꾸 안 좋은 일이 생기니까 걱정이 많으세요. 혹시 몸이라도 상하실까 걱정이에요."

만희의 아버지는 할아버지를 걱정했다.

"안 좋은 일이라면 또 무슨 일이······?"

어 형사가 물었다.

"사실 기포면이 옛날부터 쇠백로 서식지로 유명하니까 골프장과 묶어서 관광지로 개발될 예정이었거든요. 그런데 지난해부터 쇠백로가 말가면으로 옮겨 가는 바람에 말가면이 개발되게 되었어요. 결국 우리 기포면 사람들은 닭 쫓던 개 지붕 쳐다보는 꼴이 되고 말았죠."

그 일 때문에 기포면과 말가면 사이는 더욱 나빠지고, 말가면에서 기포강에 있는 쇠백로를 끌어 오려고 무언가 장치를 했다는 소문까지 떠돈다고 했다. 일은 생각보다 훨씬 심각했다.

 ## 쇠백로 서식지에 가다

기포면과 말가면에는 두 개의 강이 있다. 기포면을 흐르는 기포강과 말가면을 흐르는 말가강. 두 강은 만나면에서 합쳐져 만나강이 된다.

두 마을이 각각 하나의 강을 끼고 있어서 그런지 두 마을 사람들은 강에 상당히 많은 의미를 두는 듯했다. 특히 기포강의 쇠백로는 기포면 사람들에게 있어 100년 이상을 내려오는 마을 최고의 상징이었다.

아이들과 어 형사는 먼저 강을 둘러보기로 했다. 만희가 안내하겠다고 따라나섰다. 기포강의 상류부터 살펴보며 하류까지 내려왔지만, 별다른 단서는 없었다. 이번에는 말가강으로 갔다. 말가강은 기포강보다는 크기도 좀 작고 평범해 보였다. 하지만 강 한쪽에 자리한 소나무 숲을 보니, 족히 수백 마리가 되는 쇠백로들이 모여 장관을 이루고 있었다.

"멋지다!"

모두 탄성을 질렀다. 하지만 말가강에서도 이상한 점은 발견하지 못했

다. 일행은 다시 기포강으로 돌아왔다.

"서식지로 들어가 봐야겠어요. 멀리 있으니까 잘 안 보여서……."

달곰이의 말에 어 형사가 놀라며 물었다.

"저기까지?"

"네. 새들이 갑자기 옮겨 간 데에는 여러 가지 이유가 있겠지만 결국 살기 어려워서잖아요. 처음엔 쇠백로가 밀렵꾼 때문에 옮겼나 했는데 와서 보니 강의 폭이 넓어 잡기도 힘들고, 잡았다 해도 강 건너편이 절벽이어서 가져가기도 쉽지 않을 것 같아요. 그렇다면 쇠백로가 사는 환경에 문제가 생긴 건데, 그건 가까이 가 봐야 알 수 있어서요."

"그럼 배가 필요할 텐데……."

어 형사가 난처한 듯 말하자, 만희가 반갑게 말했다.

"우리 집에 배가 있어요. 래프팅 하는 배. 그 배로도 돼요?"

그러자 어 형사가 반색을 하며 지시했다.

"물론이지. 좋아! 그럼 나랑 달곰이는 쇠백로가 사는 곳에 가 볼 테니까, 너희는 기포강의 상류, 중류, 하류에서 강물을 조금씩 떠 와. 수질 검사부터 하게. 그리고 만희네 집에서 다시 만난다. 알았나?"

"네!"

달곰이와 어 형사는 배를 가져온 만희 아버지와 함께 강 반대편에 있는 쇠백로 서식지 가까이 갔다. 쇠백로가 놀라 달아날까 봐 조심조심 배를 저어 천천히 다가갔다.

"아유, 난 여기서 40년을 살았어도 여기까지 와 보긴 처음이네요."

만희 아버지의 말에 어 형사가 물었다.

"아니, 왜 한 번도 안 와 보셨어요?"

"그냥 멀리서만 봤죠. 쇠백로가 워낙 많이 살고 있었으니까."

바로 그때였다.

"잠깐만요!"

달곰이가 멈추라는 손짓을 하며 말했다.

"이것 보세요. 물고기가 죽었어요."

달곰이가 가리킨 곳을 보니, 정말 죽은 물고기 여러 마리가 물 위에 둥둥 떠 있었다. 그뿐 아니었다. 절벽과 물이 만나는 곳을 보니 여기저기 죽은 물고기들이 둥둥 떠 있는 것이 아닌가! 달곰이가 말했다.

> **물도 등급이 있다?**
>
> 물은 얼마나 오염되었는지에 따라 1급수에서 4급수까지 나뉘어. 1급수는 가장 깨끗한 물로, 간단한 정수 과정을 거치면 바로 수돗물로 쓰일 수 있어. 2급수는 비교적 맑은 물로, 수영을 할 수 있지. 3급수는 황갈색의 흐리고 탁한 물로, 수돗물로 쓰지 못하고 공업용수로는 쓸 수 있어. 4급수는 가장 오염이 심한 물이야. 물고기도 살지 못하고, 피부에 닿으면 피부병이 생겨.

"역시 제가 생각했던 대로예요. 강물이 오염되고 물고기가 죽자, 먹이가 부족해진 거예요. 생태계의 균형이 깨진 거죠. 그래서 쇠백로들이 먹이가 풍부한 말가강으로 보금자리를 옮긴 거예요."

어 형사도 고개를 끄덕이며 말했다.

"음……. 결국 수질 오염이 문제였다는 말이군. 그런데 저 위에는 뭐가 있습니까? 그냥 산인가요?"

만희 아버지가 대답했다.

"10년 전에 산 앞쪽을 깎아서 만든 골프장이 있어요. 백로 골프장. 아까 말씀 드렸죠? 쇠백로 서식지와 묶어서 관광지로 개발한다고."

그러자 어 형사와 달곰이는 동시에 소리를 질렀다.

"골프장이요?"

 수질 오염, 주범은 골프장?

쇠백로 서식지의 강물이 오염되었고, 그것이 골프장 때문일 것이라는 달곰이의 말에 요리는 이상하다는 듯이 물었다.

"강물이 오염된 것과 골프장이 무슨 관련이 있어?"

"골프장에는 잔디가 깔려 있잖아. 잔디밭에 잡초가 많이 나고 벌레가 생기니까, 이를 막으려고 1년 내내 제초제와 살충제를 뿌린대. 그래서 농약에 의한 오염이 심한 곳에서는 강의 물고기가 사라지거나 등이 굽은 물고기가 나오기도 하지."

달곰이의 말에 영재는 고개를 갸우뚱하면서 의문을 제기했다.

"중금속 오염이라는 얘기네. 하지만 10년 전에 생긴 골프장에서 왜 요즘 갑자기 폐수를 흘려보내는 거지?"

중금속 오염

중금속은 같은 부피의 4℃ 물보다 질량이 4배 이상인 무거운 금속을 말해. 철, 니켈, 구리, 아연, 카드뮴, 수은, 납 등이 있지. 중금속의 독성으로 인한 물이나 대기의 오염은 매우 심각해. 또한 자연으로 배출된 중금속은 먹이 연쇄를 따라 생물 몸의 내부에 쌓이고, 결국 우리 몸속에도 쌓이게 돼. 몸속에 쌓인 중금속은 몸 밖으로 나가지 않아서 그 피해가 오래가지.

그때였다. 가만히 듣고만 있던 만희가 조심스럽게 말을 꺼냈다.

"혹시 분수하고도 관련이 있을까?"

"분수?"

"응. 작년에 골프장에 분수를 새로 만들었거든."

바로 그거다. 분수! 인공으로 만든 분수라면 분명히 상수로뿐만 아니라 하수로도 새로 만들었을 것이다. 그러면서 문제가 생긴 것이 아닐까? 하지만 요리는 아무리 생각해도 이상했다.

"그런데 만약 물이 오염되었다면 왜 강가 쪽의 물고기들은 괜찮지?"

그러자 혜성이가 이유를 설명했다.

"일단 강의 폭이 넓어서 수질 오염이 바깥쪽까지 영향을 주지 않았을 수 있어. 또 강물이 곡류를 이루고 흐르는 것도 이유 가운데 하나가 되겠지. 물줄기의 안쪽에 있는 쇠백로 서식지는 물이 느리게 흐르고 바깥쪽에 있는 강가는 물이 빠르게 흐르거든. 그래서 혹시 수질 오염으로 죽은 물고기가 있더라도 강가는 물이 빠르게 흐르니까 금방 흘러 내려가지만, 쇠백로 서식지 쪽에서는 물이 느리게 흐르니까 떠내려가는 속도가 더딘 거지."

그러자 어 형사가 말했다.

> **곡류란?**
>
> 강물이 좌우로 S 자 모양을 이루며 구불구불 흐르는 것을 말해. 강의 중류에서 나타나는 지형이지. 이때 물줄기의 안쪽은 물이 느리게 흘러서 상류에서 강물과 같이 내려온 각종 물질이 쌓이는 퇴적 작용이 일어나고, 바깥쪽은 물이 빠르게 흘러서 흙이나 모래를 깎아 내는 침식 작용이 일어나.

"좋아, 오늘은 가져온 강물을 과학 수사대에 보내자. 내일 아침에 요리랑 혜성이는 주변 인물을 조사해야겠다. 골프장에서 꾸민 일일 수도 있지만 관련된 사람이 더 있을 수도 있으니까. 우선 최근 말가면이 관광 개발 지역으로 선정되는 데 힘쓴 사람은 누군지 알아보도록!"
"네, 알았습니다!"
"달곰이랑 영재는 나랑 골프장에 가 보자. 가서 한번 봐야겠다."
"네!"
힘차게 대답하는 아이들 모두의 마음에는 이 사건을 멋지게 해결하고 싶다는 생각이 가득했다.

 ## 관련자를 찾아라!

다음 날 아침, 요리와 혜성이는 말가면이 관광 개발 지역으로 선정된 이유를 집중적으로 알아보았다. 선정 과정에 참여한 군청 직원들을 만나 보니, 말가면이 관광 개발 지역이 된 가장 큰 원인은 예상대로 쇠백로 때문이었다. 그리고 이에 가장 큰 힘을 쓴 사람 역시 말가면 사람이었다. 바로 말가면 노인회장의 둘째 아들인 김영식. 큰 음식점을 경영하는 부자로, 골프장 사장과도 꽤 친한 것으로 알려져 있었다.

한편, 어 형사, 달곰이, 영재는 백로 골프장에 가서 배수로를 살펴보겠다고 했다. 그러자 골프장 사장인 이석훈은 불쾌한 표정을 노골적으로 드러내며 말했다.

"저희 백로 골프장은 절대로 불법적인 일은 하지 않았습니다. 폐수는 모두 폐수 처리장에서 안전하게 처리해 내보내고 있지요. 하지만 원하신다면, 직접 확인해 보십시오."

이석훈 사장은 관리 보수 팀장인 이상만을 불러 직접 안내하라고 지시했다. 둘러본 폐수 처리장은 꽤 크고 번듯했다. 영재와 달곰이는 배수로에서 흘러나오는 물을 담았다. 만약 이 물이 오염된 쇠백로 서식지에서 채취한 물과 성분이 같다면 골프장에서 흘려보낸 물이 기포강 수질 오염의 원인일 가능성이 커지는 것이다.

그런데 문제는 골프장에 깔려 있는 잔디 때문에 모든 시설에 연결된 배수로가 폐수 처리장으로 제대로 연결되어 있는지 확인하기 어렵다는 것이었다. 특히 이상만의 말에 따르면 새로 만든 분수의 배수로는 10미터 정도만 밖으로 나와 있고, 나머지는 잔디밭 속으로 들어가 있다고 한다. 그렇기 때문에 현재로서는 분수에서 배출된 물이 제대로 폐수 처리장으로 들어가는지 확인할 방법이 없는 것이다. 그렇다고 넓은 잔디밭을 모두 파헤칠 수는 없지 않은가.

"여기가 밖으로 나와 있는 마지막 부분입니다."

"그렇군요."

정말 대 실망이었다. 이대로라면 방금 담아 온 골프장의 물에서 중금속이 나왔다 하더라도 이 물이 쇠백로 서식지로 흘러 내려간다는 것을 증명할 방법이 없었다.

"어떻습니까, 별 문제 없지요? 제가 그렇다고 하지 않았습니까?"

폐수 처리장을 한 바퀴 돌고 나니, 이석훈 사장이 의기양양하게 말했다. 그러자 어 형사가 말했다.

"지난해 분수 공사 설계도 좀 볼 수 있을까요?"

그러자 이번에는 이상만이 아주 기분 나쁘다는 투로 말했다.

"공사를 잘못했을까 봐 그러십니까? 좋습니다. 보여 드리죠."

이상만은 자신 있다는 듯 분수 공사 설계도를 찾아 내밀었다. 어 형사가 살펴보니, 이상만이 큰소리친 대로 별 이상이 없어 보였다.

"공사는 어디서 했죠?"

어 형사가 묻자 이상만은 설계도 아래쪽을 가리켰다.

"여기 씌어 있잖아요. '현대 종합 설비'라고."

어 형사는 얼른 현대 종합 설비의 전화번호를 적었다. 그리고 이 회사의 사장을 만나야겠다고 생각했다.

 누가 범인일까?

"그럼 일단 현재 유력한 용의자는 세 명. 말가면 노인회장의 둘째 아들 김영식과 백로 골프장 사장 이석훈, 그리고 현대 종합 설비 사장 한영수라고 할 수 있겠군."

어 형사의 말에 요리가 자신의 의견을 말했다.

"김영식 아저씨와 이석훈 사장님이 아주 친하다고 하더라고요. 그러니까 말가면을 관광 개발 지역으로 선정되게 하려고 둘이 짜고 기포강을 오염시킨 것이 아닐까요?"

혜성이도 같은 의견을 내놓았다.

"저도 그렇게 생각해요. 관광지가 되면 사람들이 많이 몰려올 텐데, 그러면 큰 음식점을 하는 김영식 아저씨는 자신의 음식점이 더 발전할 거라 생각했을 거예요. 아니면 말가면 노인회장님이 김영식 아저씨에게 부탁했을 수도 있겠죠. 기포강에만 있는 쇠백로를 말가면 사람들이 부러워했다면서요. 마을을 위해서 그렇게 했을 수도 있죠."

그러자 영재가 반대 의견을 내놓았다.

"하지만 골프장 사장님과 친하다면 그렇게까지 하지 않아도 말가면을 관광 개발 지역이 되게 할 수 있었을 거야. 또 기포강을 오염시킨다고 쇠백로가 꼭 말가강으로 모일 거라고 100% 확신할 수도 없잖아? 철새니까 아예 날아오지 않을 수도 있잖아."

생각해 보니 그것도 맞는 말.

"일단 수질 오염 검사 결과부터 알아보자. 지금쯤 나왔을 거야."

바로 그때였다.

"잘들 있었니?"

가만, 이 목소리는?

"교장 선생님!"

정말 박 교장이었다. 아이들이 보낸 물을 검사한 결과를 가지고 직접 내려온 것이다.

"혼자 있으니까 심심하기도 하고 잘하나 걱정되기도 해서 내려왔지."

아이들도 반가워 난리가 났다. 그러자 어 형사가 한마디 했다.

"아이 참, 제가 있는데 뭘 그렇게 걱정하셨어요?"

"자네가 제일 걱정되던데!"

박 교장의 대답에 모두 한바탕 웃음을 터뜨렸다. 박 교장은 이어서 검사 결과를 말해 주었다.

"다른 곳은 괜찮은데, 역시 예상한 대로 쇠백로 서식지는 비소, 수은 등의 중금속에 오염된 것으로 나타났어. 죽은 물고기에서도 적은 양이지만 중금속이 나왔어. 그리고 한 가지 더! 이 중금속들은 골프장 폐수에서 흔히 나오는 중금속과 같은 종류지."

"그럼 골프장 폐수 검사 결과가 나오면 더 확실해지겠네요. 그런데 가서 보니까 아무리 봐도 잘못된 곳을 못 찾겠더라고요."

어 형사의 말에 달곰이가 덧붙였다.

"그쪽으로 폐수를 흘려보낼 곳은 골프장밖에 없는데 정말 이상해요."

그러자 박 교장이 말했다.

"그걸 그렇게 눈에 띄게 해 놓았을까? 물이 오염되면 검사받을 게 분명하니까 보다 철저하게 감추었겠지. 아니면 골프장에서는 정말 몰랐을 수도 있어. 제대로 된 폐수 처리장을 갖춘 골프장에서 배수로만 제대로 연결하면 되는데, 그걸 안 하고 문제를 키웠을까?"

듣고 보니 일리가 있었다.

"그렇다면 설계도와 다르게 공사를 했을 수도 있겠네요. 공사를 맡은 현대 종합 설비에 대해 좀 더 자세히 알아봐야겠어요."

"좋아. 그럼 난 아이들이랑 김영식과 이석훈에 대해 좀 더 캐 보지."

잠시 후, 어 형사는 현대 종합 설비를 찾아갔다. 생각보다 작은 규모의 회사였다. 어 형사가 사장인 한영수에게 골프장 분수 공사에 대해 물으니 한영수는 약간 당황하는 표정이었다.

"왜요? 문제가 있습니까?"

"아, 예. 기포강 쇠백로 서식지가 오염된 문제로……."

그러자 어 형사의 말이 채 끝나기도 전에 한영수는 강하게 부인했다.

"그건 우리 공사와 아무 상관이 없습니다. 우리는 설계도대로 제대로 공사했습니다. 그건 골프장에 가셔도 확인하실 수 있을 겁니다."

어 형사는 더 이상 할 말이 없었다. 만약 설계도대로 공사하지 않았다

면 그 증거를 찾아야 하는데……. 어 형사는 난감한 생각이 들었다.

한편, 박 교장과 아이들은 말가면 노인회장과 그의 아들 김영식, 백로 골프장 이석훈 사장에 대해 자세히 알아보았다. 셋 다 특별히 의심할 만한 증거는 발견되지 않았다. 게다가 이석훈은 원래 고향이 기포면. 초등학교 때 서울로 갔다가 성공해서 고향에 돌아온 사람이었다. 자신의 고향인 기포면에 일부러 해가 될 일을 했을까 하는 의문이 들었다.

 골프장에 다시 가다

그날 밤, 달곰이는 풀리지 않는 의문으로 잠을 이룰 수 없었다. 골프장에서 기포강으로 폐수가 흘러나오는 곳을 찾아야 한다는 생각이 들었다. 박 교장의 말대로 골프장에서도 모르는 수로가 있을 수 있다. 달곰이는 벌떡 일어나 병과 작은 손전등을 챙겨서 밖으로 나왔다. 막 만희네 집 대문을 나서려고 하는데, 박 교장이 차의 시동을 걸고 있는 게 아닌가.

"교장 선생님!"

박 교장도 달곰이와 같은 생각이었던 것이다.

"좋아. 그럼 같이 가 보자."

둘은 골프장으로 향했다. 하지만 이번에는 골프장에 들어가지 않고 산길을 따라 쇠백로 서식지 위쪽으로 갔다. 둘은 캄캄한 산길에서 한참을 헤맸다. 얼마가 지났을까, 달곰이가 급히 박 교장을 불렀다.

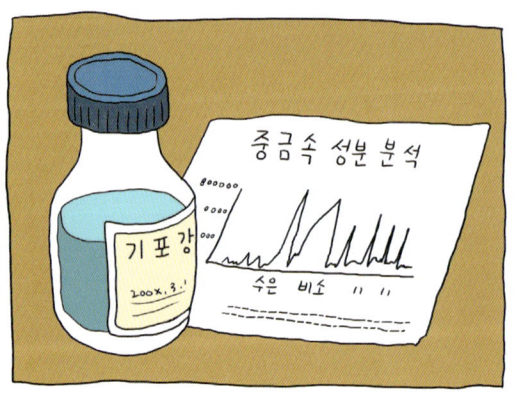
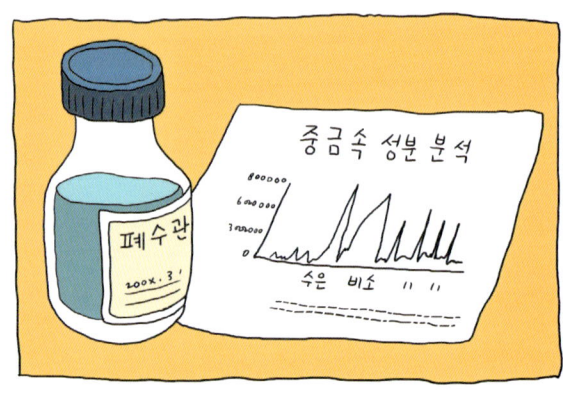

"여기예요. 여기에서 폐수가 나오고 있어요."

박 교장이 가 보니, 골프장 담장에서 100미터쯤 떨어진 곳에 관이 하나 나와 있고 물이 흘러나오고 있었다. 박 교장은 고개를 끄덕였다.

"그래. 공사가 설계도와 다르게 되었을 가능성이 크군."

달곰이는 관에서 흘러나오는 물을 준비해 온 병에 재빨리 담았다. 그리고 날이 밝자마자 과학 수사대에 보냈다.

일을 서두른 덕에 과학 수사대에서 예상보다 빨리 결과가 나왔다. 골프장에 있는 폐수 처리장에서 담아 온 물은 정수 처리가 잘되어 있었다. 반면, 관에서 나온 물에서는 중금속이 기준치 이상 검출되었고, 이는 기포강 쇠백로 서식지에서 담아 온 물과 성분이 일치했다.

박 교장과 아이들은 다시 골프장을 찾았다. 그리고 이석훈에게 수질 검사 결과와 골프장 밖에 있는 관을 보여 주었다. 이석훈은 노발대발, 당장 이상만을 불러 호통을 쳤다.

"어떻게 된 거야, 이 팀장! 분수 공사, 이 팀장이 감독했지?"

"네. 그, 그런데요. 하지만 전 전혀 몰랐어요. 정말입니다."

"그게 말이 돼? 공사 감독이 모르면 누가 알아? 공사한 회사 사장 빨리 불러. 빨리!"

엄청나게 화를 내는 이석훈을 보니, 과장된 듯도 하고 실제인 듯도 해서 약간 헷갈렸다. 혹시 자신도 알고 있었으면서 부하 직원에게 떠넘기려는 것은 아닐까?

그때였다. 마치 바로 옆에서 들은 듯 어 형사가 한영수를 데리고 들어왔다. 그러고는 이상만에게 물었다.

"이상만 씨, 현대 종합 설비가 분수 공사를 하도록 허락하는 대가로 한영수 사장에게 2억 원 받았죠?"

"네? 도, 돈이요? 아닙니다, 돈을 받다니요. 절대 아닙니다."

이상만이 펄쩍 뛰며 부인하자, 이석훈은 이상하다는 듯이 말했다.

"가만, 그러고 보니 공사 업체 선정할 때 현대 종합 설비를 적극 추천한 사람이 이 팀장 아닌가?"

"그, 그렇지만 돈을 받지는 않았습니다. 한 사장, 뭐 해? 빨리 아니라고 말씀드려. 빨리!"

그런데 이상만의 재촉에도 한영수는 아무 말도 하지 않고 가만히 있었다. 그러자 어 형사가 뭔가를 꺼내 놓으며 말했다.

"보세요. 작년 2월 20일. 시공 업체 선정 일주일 전, 이상만 씨 통장으로 2억 원이 입금된 기록이에요. 이래도 아닙니까?"

확실한 증거에 더 이상 할 말이 없게 된 이상만. 그러자 이상만은 갑자기 태도를 바꾸며 말했다.

"네, 받았습니다. 어머님이 갑자기 암 수술을 하시는 바람에 큰돈이 필요했어요. 하지만 그렇다고 폐수를 기포강으로 흘려보내라고 한 적은 없습니다. 전 설계도대로 공사가 되었는지 알았습니다."

그러자 박 교장이 말했다.

"공사 감독이 그걸 모른다는 건 말이 안 되죠. 당신은 분명히 알고 있었습니다. 돈을 받았기 때문에 이야기를 할 수 없었죠."
박 교장의 말에 한영수는 고개를 끄덕였다. 그러고는 천천히 말했다.
"이 팀장님이 너무 큰돈을 요구했어요. 공사 대금 전체가 10억 원이었는데, 그중에서 2억 원을 빼면 도저히 공사를 제대로 할 수가 없었죠. 할 수 없이 설계도를 변경해 기포강으로 배수로를 뺄 수밖에 없었습니다. 그건 이 팀장님도 분명히 알고 계셨습니다."

사건 해결

결국 사건은 개인의 욕심과 환경에 대한 무관심으로 인해 벌어진 일이고, 그 결과 강물이 오염되었기 때문에 쇠백로가 사는 곳을 옮긴 것으로 밝혀졌다.

이상만과 한영수는 체포되었다. 이석훈은 어찌 되었든 관리 감독을 소홀히 해서 환경오염을 일으킨 것에 대해 공식 사과하고, 당장 배수로 공사를 다시 하고 기포강을 되살리기 위해 적극 돕겠다고 약속했다.

기포면 사람들은 박 교장과 어 형사, 그리고 CSI의 활약에 찬사를 보냈다. 특히 만희는 자신의 일처럼 먼 곳까지 달려와 최선을 다해 사건을 해결해 준 어린이 형사들이 너무나 고마웠다.

그로부터 3일 후, 아이들은 오늘도 'CSI 짱' 게시판을 보고 있었다.
"오늘도 역시 내 인기는 식을 줄 모르네, 하하하!"
오늘도 역시 혜성이의 잘난 척은 식을 줄 모른다. 그런데 이상하다. 혜성이는 요즘 자꾸 요리의 눈치가 보인다. 처음에 요리는 혜성이에게 보내는 여자 아이들의 글이 게시판을 도배하다시피 하자 좀 신경을 쓰는 것 같더니만, 이제는 아무렇지도 않아 보였다. 혜성이는 그런 요리의 무심함이 괜히 기분 나빴다. 물론 그렇다고 요리를 좋아하게 된 것은 절대 아니었다. 입학하기 전부터 자신에게 온통 관심을 드러내던 요리가 요즘은 영 반응이 신통치 않으니까 그저 팬 관리 차원이라고나 할까? 그래서 게시판을 볼 때마다 한마디씩 하면서 괜히 요리를 살피는 것이다.

한편, 요리는 거의 단념하는 참이었다. 어디를 가나 혜성이는 인기 절정이었고, 팬 카페가 생긴 후 밀려드는 팬레터를 보고 요리는 마음을 접은 것이다. 그러고 나니 마음도 훨씬 편해지고 상처도 덜 받게 되었다. 오늘도 아무렇지도 않은 척 게시판을 보는데, 글 하나가 눈에 띄었다.

"어, 만희다!"

> 고마워. 이제 우리 기포면과 말가면 사람들은 다시 사이좋게 지내게 되었어. 다 너희 덕분이야. 우리 할아버지도 말가면 노인회장 할아버지랑 다시 장기도 두시고 잘 지내셔. 아, 참! 우리 두 마을이 함께 환경 지킴이인 '쇠백로회'를 만들었어. 두 마을이 힘을 모아 기포강이랑 말가강, 쇠백로를 지키는 거지. 그리고 내가 바로 어린이 회장이야. 멋지지?

달곰이가 들려주는
사건 해결의 열쇠

쇠백로가 기포강에서 말가강으로 옮겨 간 이유를 밝혀내는 사건 해결의 열쇠는 바로 환경오염의 위험성과 생태계 균형의 중요성을 이해하는 거야.

💡 환경오염이란?

'환경오염'이란 인간이 사는 생활 환경이 더럽혀지는 거야. 인간의 문명이 발전하면서 그로 인한 환경오염은 점점 더 심각해지고 있어. 인간은 연기와 배기가스 등으로 대기를 더럽히고, 공장 폐수나 생활 하수 등으로 물을 오염시켜. 또 비료와 농약을 너무 많이 써서 토양을 못 쓰게 하고, 쓰레기를 땅이나 물에 버려 자연을 해치지.

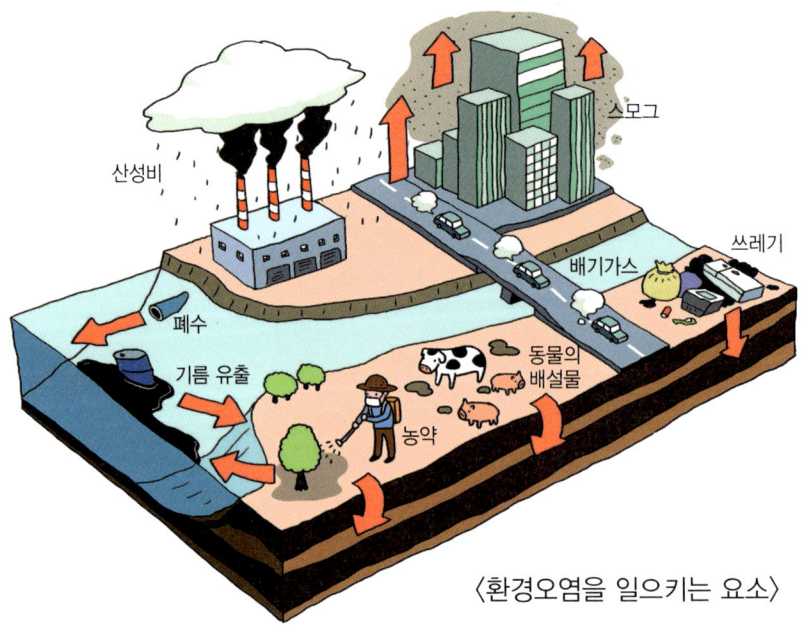

〈환경오염을 일으키는 요소〉

게다가 환경오염은 서로서로 영향을 줘. 예를 들면, 대기의 오염 물질은 빗물과 함께 땅과 물로 흘러들어. 또 땅에 있던 오염 물질은 다시 바람에 날려 대기로 들어가 대기를 오염시키지.

그로 인해 지구 온난화와 오존층 파괴 등의 심각한 환경 문제가 발생하고, 지구 생태계 전체가 위험한 상태에 놓여 있어.

💡 생태계란?

그런데 생태계란 무엇일까? 우리가 사는 세계는 크게 '생물적인 요소'(살아 있는 생물)와 '비생물적인 요소'(무생물)로 구성되어 있어. 꽃, 나비 등은 생물적인 요소이고, 햇빛, 물, 공기 등은 비생물적인 요소지. 생물적 요소와 비생물적인 요소가 어떤 장소에서 서로 상호 작용하면서 균형을 이루는 체계를 '생태계'라고 해.

생태계를 구성하거나 영향을 미치는 것은 에너지와 먹이의 흐름으로 볼 때 태양, 무기 물질(물이나 작은 물질), 생산자(녹색 식물), 1차 소비자(초식 동물), 2차 소비자(육식 동물), 3차 소비자(큰 육식 동물), 분해자(세균이나 곰팡이)로 나뉘어. 생산자는 태양과 무기 물질에서 에너지와 양분을 얻어. 1차 소비자는 생산자를 먹고, 2차 소비자는 1차 소비자를 먹고, 3차 소비자는 1차 소비자와 2차 소비자를 먹고, 생산자와 소비자가 죽으면 분해자가 이를 무기 물질로 바꾸지.

〈생태계의 먹이 연쇄〉

이렇게 생태계는 서로 먹고 먹히는 어쩔 수 없는 운명의 사슬로 연결되어 있고, 그것을 '먹이 연쇄'라고 해.

이러한 먹이 연쇄의 단계에 따라 생물의 수를 표시해 보면 생산자가 가장 많고, 1차 소비자, 2차 소비자, 3차 소비자 순으로 점점 수가 적어져. 이를 그림으로 나타내면 피라미드 형태가 되지. 이를 '먹이 피라미드'라고 해. 그리고 인간은 먹이 피라미드의 제일 위쪽에 있어.

〈육지의 먹이 피라미드〉

생태계와 환경오염

그런데 환경오염은 먹이 연쇄를 통해 먹이 피라미드의 각 단계에 크나큰 영향을 미쳐. 생태계를 파괴할 정도로 말이지.

1953년, 일본 구마모토 현에 있는 미나마타 만에서 일어난 일이야. 그곳에 사는 주민들 중 물고기와 조개를 먹은 사람들은 손발이 저려 걷는 것도 힘들게 되었대. 심하면 경련이나 정신 착란으로 죽기도 했지. 600명이 넘는 환자들 중에 약 70명이 죽고 말았어.

한참 뒤에 이러한 재앙의 원인이 밝혀졌어. 미나마타 만에 있는 질소 공장에서 수은이 섞인 폐수를 바다로 흘려보냈어. 그 수은을 플랑크톤이 먹고, 그 플랑크톤을 물고기와 조개가 먹고, 그 물고기와 조개를 사람이 먹었기 때문이었어. 결국 수은 중독에 의한 병이었던 거지. 사람들은 그 병을 '미나마타병'이라고 부르게 되었어.

이 사건은 환경오염이 얼마나 무서운 것인지, 그리고 결국 환경오염의 피해자는 인간이라는 사실을 명백하게 증명하는 사건이야.

그러니까 생각해 봐. **골프장에서 정수 처리를 하지 않고 흘려보낸 폐수**에는 골프장에서 뿌린 농약의 성분인 **중금속**이 아주 많이 들어 있어. 그 물이 그대로 기포강으로 흘러 들어갔으니, 물고기가 죽을 수밖에……. 결국 환경오염으로 인해 생태계의 균형이 깨지자 쇠백로는 서식지를 옮길 수밖에 없었던 거야. 어때, 이젠 잘 알겠지?

■ 핵심 과학 원리 – 조석

무인도에서 생긴 일

방파제 옆 바위틈에 한 남자의 시신이 있었다.
온통 진흙으로 범벅이 된 시신.
누가 이 머나먼 무인도에서 죽었단 말인가.

무인도에 가다

"무인도요?"

박 교장의 말에 아이들은 모두 소리를 지르고 말았다.

"그래, 무인도. 봄 소풍 대신 특별히 1박 2일로 준비한 선물이다."

"아이, 그게 무슨 선물이에요?"

"맞아요. 고생만 할 텐데……."

저마다 한마디씩 불평을 늘어놓았지만, 우리의 꽉 막힌 고집불통 박 교장은 특유의 온화한 미소만 띠고 있다.

"형사라면 언제 어디서나 살아남을 수 있는 강인한 정신력과 생활력이 필요하지. 그걸 훈련하기 위해서 가는 거야."

이쯤 되면 더 이상 말해도 아무 소용없는 일. 그러자 어 형사가 사태 수습에 나섰다.

"그래, 포기해라. 또 아냐? 진짜 재미있을지. 아, 맞다! 우리 바닷가에 가서 수영도 하고, 끝없이 펼쳐진 갯벌에서 조개도 잡고, 게도 잡고……. 그래서 맛있는 꽃게 탕 끓여 먹자! 아, 미역도 따서 미역

국도 끓여 먹을까? 또……."

"아이 참, 벌써 수영을 어떻게 해요? 여름도 아닌데."

"하하하!"

결국 가기로 했다, 무인도로. 그러자 박 교장이 말했다.

"좋아. 그럼 각자 무인도에서 살아남기 위해 꼭 필요하다고 생각하는 것 한 가지씩만 가져

> **갯벌에는 어떤 동물이 살까?**
>
> 우리나라 갯벌에는 어류가 200여 종, 게나 새우 등의 갑각류가 250여 종, 낙지나 조개 등의 연체동물이 200여 종, 갯지렁이류가 100여 종 이상이 살아. 갯벌에 사는 대표적인 어류로는 숭어, 전어, 밴댕이, 농어 등이 있지. 갯벌에서 가장 많이 잡히는 동물은 조개류인데, 1년에 9만 톤이 잡힌대. 또한 오리와 갈매기 등의 물새도 갯벌에 사는데, 그 종류는 170여 종이나 돼. 어때, 이 정도면 바다 생물의 보금자리라고 할 만하지?

가도록 허락해 주지. 하지만 그게 무엇인지는 다른 사람에게 절대 비밀! 알았나?"

"네!"

생각해 보니, 재미있을 것 같기도 했다. 만날 가는 놀이동산보다는 더 긴장감 있지 않을까? 좋다, 말 그대로 무인도에서 살아남기 프로젝트! 그럼 뭐가 필요할까? 방으로 돌아온 아이들은 고민에 고민을 거듭한 끝에 한 가지씩 챙겼다. 물론 그건 아직 비밀!

다음 날, 아이들은 아침 일찍 출발해 인천항에 도착했다. 인천항에서 다시 3시간 정도 배를 타고 들어가니 오후 1시쯤. 그때 눈앞에 무인도인 '오라도'가 나왔다. 최근 무인도 체험 코스로 주목받는 곳이라는데, 막상 도착해 보니 평일이라 그런지 아무도 없었다.

무인도, 오라도

무인도라고 생각해서 그런지 약간 스산한 느낌이 들기도 했지만, 오라도는 생각보다 아름다웠다. 한없이 넓은 갯벌이 펼쳐져 있고, 방파제 끝에는 작은 등대도 하나 있었다. 그리고 바닷가 뒤쪽으로는 꽤 운치 있는 소나무 숲이 자리잡고 있었다.

소나무 숲은 땅도 반듯하고 군데군데 공터도 있어서 아이들은 그곳에 텐트를 치기로 했다. 물론 박 교장은 텐트도 가져오면 안 된다고 했으나, 어 형사가 그러다 아이들이 감기라도 걸리면 책임질 거냐고 박박 우긴 덕분에 겨우 가져올 수 있었다.

"어때? 살 만하겠어?"

텐트 치는 모습을 지켜보던 박 교장이 묻자, 혜성이가 대답했다.

"멋지긴 한데 살 만하진 않겠어요."

"하하하."

혜성이의 재치 있는 대답에 모두 웃음을 터뜨렸다.

"그런데 사람도 살지 않는 무인도에 무슨 쓰레기가 이렇게 많지?"

달곰이가 쓰레기를 한곳으로 모으며 말했다. 정말 소나무 숲 여기저기에는 술병부터 시작해 과자 봉지, 휴지 등 각종 쓰레기가 널려 있었다.

"맞아. '무인도 체험'이 아니라 술 마시러 왔나 봐."

잔뜩 쌓인 술병을 치우며 요리도 한마디 했다. 그렇게 대강 쓰레기도

치우고 텐트도 치고 나니, 제법 캠프 분위기가 났다.

"자, 그럼 이제 뭘 가지고 왔는지 꺼내 볼까? 짠! 난 카메라. 여행을 추억하는 데에는 사진이 최고지."

어 형사가 말하자, 이번에는 혜성이가 나섰다.

"전 지도예요. 오라도에 먼저 갔다 온 여행자가 인터넷에 올린 오라도 지도인데요, 여기 보면 오라도의 곳곳이 상세히 나와 있어요. 물을 구할 수 있는 곳도 표시되어 있고, 먹을 것을 구해 조리하는 방법까지 자세히 적혀 있죠. 바로 무인도에서 살아남기 가이드!"

역시 치밀한 혜성이다. 이번에는 영재가 가져온 물건을 꺼냈다. 그것은 돋보기였다.

"불을 지펴야 뭔가 해 먹을 수 있잖아요. 이걸로 햇빛을 모아서 불을 지피려고요. 성냥을 가져올까 했는데, 그럼 너무 간단하고 재미없잖아요."

"전 냄비를 가져왔어요. 먹을 거야 여기서 구하면 되지만, 담고 끓일 냄비는 필요할 것 같아서요."

> **돋보기로 불을 지필 수 있는 이유는?**
>
> 돋보기는 볼록 렌즈야. 볼록 렌즈는 빛을 모으지. 그러니까 맑은 날 볼록 렌즈 밑에 종이를 놓고 초점을 맞추면 햇빛이 한 점으로 모여 종이에 불이 붙는 거야. 물론 불장난은 금물! 해 보고 싶으면, 꼭 넓고 안전한 운동장에서 해.

역시 살림꾼 요리다. 이제 마지막 달곰이. 달곰이는 난처한 듯 주섬주섬 가방을 열었다. 그러고는 꺼낸 것이 바로 라면!

"우아, 라면이다!"

탄성이 쏟아져 나왔다. 그러나 박 교장은 영 난처한 표정이었다.

"이건 안 돼. 먹을 건 여기서 구해야 한다니까."

"그래도 혹시 아무것도 없으면 어떡하나 걱정이 돼서요. 전 한 끼라도 굶으면 기운을 못 써요."

"그래도 안 돼!"

"아이~ 교장 쌤. 딱! 한 번만요. 네?"

모두들 애교를 피운다. 막상 안 된다고는 했지만 라면을 보니 박 교장도 슬슬 구미가 당겼다. 아침도 영 시원찮게 먹은 터에 벌써 시간은 오후 1시를 훌쩍 넘겼으니, 라면 하나 끓여 먹으면 딱 좋을 것 같았다. 그때 우리의 눈치 빠른 어 형사, 어김없이 눈치 삼백 단에 코치 삼백 단,

도합 육백 단의 실력을 발휘한다.

"우리 갯벌에 가서 조개랑 게 잡아서 해물 라면 끓여 먹자. 어때?"

박 교장이 해물 라면을 가장 좋아한다는 것을 알고는 바로 선수를 친 것이다. 어느새 어 형사는 아이들을 몰고 나가고 있었다.

"가자!"

"와!"

박 교장도 해물 라면을 생각하니 절로 침이 꼴깍 넘어갔다.

갯벌 위의 시신

그런데 얼마나 지났을까?

"으악~!"

갑자기 달곰이의 비명 소리가 들렸다. 모두 놀라 뛰어갔다. 그런데 이게 무슨 일인가! 방파제 옆 바위틈에 한 남자의 시신이 있었다. 온통 진흙으로 범벅이 된 시신. 누가 이 머나먼 무인도에서 죽었단 말인가.

어 형사는 얼른 요리에게 박 교장을 불러오도록 한 후, 현장을 면밀히 살펴보았다. 아이들도 저마다 수상한 점을 살피고 사진을 찍었다. 그 사이에 현장에 도착한 박 교장은 무전기로 인근 해양 경찰에 연락했다. 그렇게 아이들의 '무인도 체험'은 한 시간도 못 돼 끝나고 말았다.

다음 날, 어 형사가 시신을 검사한 결과를 말해 주었다.

"이름은 부자남. 나이 39세. 어제 오전 6시에서 7시 사이에 사망한 것으로 보임. 사망 원인은 익사."

그러자 혜성이가 물었다.

"그럼 그냥 물에 빠져 죽은 건가요? 혹시 다른 곳에서 이미 사망한 후 버려졌을 가능성도 있지 않을까요?"

"일단 몸에 상처가 전혀 없어. 그리고 만약 사망한 후 버려졌다면 숨을 쉬지 않았을 테고, 그럼 폐와 위로 바닷물이 들어가지 않았을 거야. 그런데 폐와 위에서 바닷물과 플랑크톤이 나왔어. 그건 물에 빠져서도 숨을 쉬었다는 증거. 결국 익사했다는 얘기지."

> **플랑크톤이란?**
>
> 물에 떠서 사는 작은 생물들을 말해. 대부분 전혀 헤엄을 치지 못하고, 헤엄칠 수 있어도 그 힘이 매우 약하지. 플랑크톤은 크게 햇빛을 받아 광합성을 하는 식물 플랑크톤과 식물 플랑크톤을 먹고 사는 동물 플랑크톤으로 나뉘어. 식물 플랑크톤에는 식물성 조류가 있고, 동물 플랑크톤에는 물벼룩이나 해파리 등이 있지. 플랑크톤은 물고기 등의 먹이가 되는 중요한 역할을 해.

박 교장의 설명에 아이들은 고개를 끄덕였다. 그러자 어 형사가 설명을 덧붙였다.

"그리고 한 가지 더 있습니다. 혈중 알코올 농도가 상당히 높은 것으로 나타났습니다."

"그럼 술에 많이 취한 채 익사했다는 말인데……."

박 교장의 말에 요리가 나름대로 추리를 내놓았다.

"그렇다면 혹시 자살이 아닐까요? 아무도 없는 곳에서 혼자 죽고 싶은 생각에 술을 잔뜩 마시고 물로 뛰어든 거죠."

그러자 영재가 반대 의견을 폈다.

"그럴 수도 있지만 타살 가능성도 있다고 생각해. 워낙 외진 곳이라 그곳까지 유인한 다음에 죽였을 수도 있잖아. 만약 피해자의 몸이 바위틈에 끼이지 않았다면 바닷물에 쓸려 내려가 시신조차 발견되지 않았을 거야. 바로 완전 범죄가 되는 거지."

둘 다 일리가 있었다. 그러자 어 형사가 말했다.

"좋아! 그럼 자살 가능성과 타살 가능성, 둘 다 염두에 두고 조사해 보자고. 요리와 영재는 피해자와 그의 주변 인물을 조사하고, 혜성이와 달곰이는 나와 인천항에 가 보자."

"인천항에요?"

"그래. 바다 위를 걸어서 가진 않았을 거 아냐. 배 타고 갔겠지."

"맞다!"

역시 날카로운 데가 있는 어 형사. 이럴 때 어 형사는 멋져 보였다.

"좋아, 그럼 행동 개시!"

부자남은 누구?

부자남과 주변 인물을 조사하게 된 요리와 영재는 먼저 부자남이 경영했다는 부동산 투자 회사인 '머니땡 미래 투자'를 찾았다. 사장이 죽었다는 전화를 받아서인지 직원들의 얼굴은 하얗게 질려 있었다.

비서의 말에 따르면, 부자남은 죽기 하루 전날, 갔다 올 데가 있으니까 오늘 일정 다 취소하라는 말을 남기고 나간 후 아무런 연락이 없었다고 한다. 하지만 그 외에는 아무런 단서도 발견할 수 없었다.

다음은 부자남의 집. 경비의 도움으로 부자남이 혼자 살았다는 오피스텔에 들어갔다. 수백억대 부자답게 집 안은 값비싼 물건들로 가득 치장되어 있었다. 혹시 자살이라면 유서라도 남기지 않았을까 싶어 샅샅이 뒤져 보았으나, 끝내 유서는 발견할 수 없었다.

아이들이 수사를 하는 동안 박 교장은 최근 부자남의 통화 기록을 살펴보았다. 부자남이 최근 한 달 동안 통화를 많이 한 사람은 여동생 부연희, 변호사 나영민, 대학 동창인 구세훈.

박 교장은 우선 부연희를 만났다. 예상치도 못한 일에 부연희는 망연자실한 상태. 한참을 울던 부연희는 이해할 수 없다는 표정으로 물었다.

"어떻게 이런 일이……. 도대체 거기는 왜 간 거래요?"

"글쎄요. 아직 아무것도 모릅니다. 요즘 이상한 점은 없었나요? 사업이 잘 안 됐다거나 자신을 비관하거나 유난히 힘들어하는…….''

"오히려 그 반대였어요. 얼마 전 탄탄한 회사를 아주 싼값에 인수했다고 굉장히 좋아했어요. 사업을 더 넓히겠다고 의욕이 넘쳤는데요."

그렇다면 자살 가능성은 희박해지는데, 혹시 원한 관계에 의한 살인?

"평소에도 오빠가 술을 즐겼나요?"

"아니요. 오빠는 술을 전혀 못해요. 소주 한 잔만 마셔도 정신을 차리지 못하는걸요."

그렇다면 정말 이상한 일이다. 분명히 혈중 알코올 농도가 상당히 높게 나왔는데! 박 교장은 다른 질문을 했다.

"수백억대 부자라면 엄청난 부자인데, 젊은 분이 어떻게 해서 그렇게 많은 돈을 모았나요?"

"부모님께 물려받은 유산이 꽤 있었어요. 주식 투자도 하고 부동산 투자도 해서 그 재산을 불린 거죠."

"혹시 그 과정에서 원한을 살 만한 일은 없었나요?"

"그건 저도 잘 모르죠. 전 오빠 사업에는 관여하지 않았으니까요."

한마디로 잘나가는 젊은 사업가인 부자남. 그런데 왜 그가 아무도 없는 무인도에서, 그것도 물에 빠져 죽었을까? 박 교장은 점점 더 미궁 속으로 빠지는 느낌이 들었다.

한편, 어 형사, 혜성이, 달곰이는 부자남의 사진을 가지고 인천항으로 갔다. 그리고 제일 먼저 오라도로 가는 배의 선장에게 사진을 보였다. 선장은 금방 부자남을 알아보았다.

"알지. 그러니까 그저께였지. 점심때쯤 됐을 거야. 오라도에 들어가자고 하더라고."

"혼자서요?"

"그래. 평일에는 거의 아무도 안 들어가거든. 게다가 혼자 들어간다잖아. 이상해서 물어봤지. 그랬더니 기다리는 사람이 있다고 하더라고."

"기다리는 사람이요?"

셋은 동시에 소리를 질렀다. 혼자가 아니라 누군가 함께 있었다. 하지만 시신을 발견했을 때 오라도에는 아무도 없었다. 그렇다면 그 사람은 어디로 갔을까? 부자남을 죽이고 도망간 것일까? 그렇다면 그 사람도 분명히 배를 타고 들어갔을 텐데! 혜성이는 선장에게 물었다.

"그럼 혹시 그 사람을 보셨나요?"

"그거야 나도 모르지. 왔다 갔다 하는 배가 내 배밖에 없으니까 보았을 수도 있지만. 이 남자가 내리니까 해안가 소나무 숲 있지? 거기서 손 흔들며 서 있는 사람이 있긴 했는데 워낙 거리가 멀어서……."

그렇다면 그 사람은 도대체 누구일까? 왜 오라도에서 부자남을 기다리고 있었을까?

부자남과 만난 사람은?

누군가 오라도에서 부자남을 기다리고 있었다는 어 형사의 전화를 받고, 박 교장은 남은 두 사람도 빨리 만나기로 했다. 그중 한 사람은 머니땡 미래 투자의 고문 변호사 나영민. 그는 찔러도 피 한 방울 안 나올 것 같은 차가운 인상이었다. 부자남의 사망 소식을 전했는데도 잠깐 움찔하더니, 이내 안정을 찾고는 아주 냉정한 표정으로 말했다.

"궁금한 게 뭔가요?"

"최근 자주 통화를 하셨던데요?"

"네. 최근 인수 합병에 문제가 생겨 수시로 연락을 주고받았습니다."

"문제라면?"

"합병된 회사에서 반발이 아주 컸습니다. 사장도 자살하고."

"사장이 자살을요?"

"네. 창민 건설 이창민 사장이라고. 한 달 전쯤 자살했습니다."

박 교장은 머리가 쭈뼛 서는 느낌이 들며, 부자남의 죽음이 단순한 자살이나 실수로 인한 사고사가 아닌 타살이라는 직감이 들었다. 그리고 범인은 자살했다는 이창민 사장과 관련이 있을 것 같았다.

"그랬군요. 혹시 최근 전화하면서 특별히 이상한 점은 없었나요?"

"글쎄요. 아! 며칠 전 좀 황당한 것을 묻기는 했습니다. 무인도를 사려면 절차가 복잡하냐고요."

"무인도요?"

아니, 이건 또 무슨 소리인가! 그렇다면 부자남이 오라도에 들어간 이유가 그 섬을 사기 위해서였다는 말인가?

"네. 무인도 하나를 사서 해양 스포츠를 즐길 수 있는 섬으로 꾸미려고 하는데, 가능하냐고. 그래서 '못할 것도 없죠.' 했더니, 알았다며 그럼 다시 전화하겠다고 했습니다."

"그랬군요. 그런데 15일 저녁부터 16일 오전까지는 뭘 하셨죠?"

"지금 저를 의심하시는 건가요?"

"무슨 말씀을……. 의례상 다 묻는 거 아시지 않습니까?"

"15일 저녁에는 그냥 집에 있었습니다. 그리고 16일 오전에는 아침 일찍부터 변호사 협회 세미나가 있어서 참석했습니다. 확인해 보시죠."

"집에는 혼자 계셨나요?"

"네. 아직 결혼을 안 해서 혼자 삽니다."

박 교장은 너무도 이성적으로 말하는 나영민이 별로 맘에 들지 않았다. 그러나 특별히 수상한 점도 찾지 못했다.

그 다음, 박 교장은 구세훈을 만났다. 부자남의 대학 동창인 구세훈은 부자남이 죽었다는 사실이 믿기지 않는다며 침울한 표정을 지었다.

"가장 최근 부자남 씨를 만난 건 언제였죠?"

"4일 전쯤 봤습니다. 같이 점심을 먹었죠."

"그럼 15일 저녁부터 16일 오전까지는 뭘 하셨나요?"

"16일 아침에 일본 출장을 가야 해서 15일 저녁에는 집에서 쉬었습니다. 그리고 16일 아침 7시 비행기로 출장을 갔다가 저녁 7시 비행기로 돌아왔습니다. 아! 마침 여권이 있으니 확인해 보십시오."

여권을 보니, 정말 그의 말대로 출입국 기록이 남아 있었다.

"그런데 부자남 씨와 아주 친했나 봐요. 통화 기록이 많던데……."

"그럼요. 대학 때부터 제일 친한 친구였죠. 그런데 이렇게 죽다니……."

구세훈은 목이 메어 말을 잇지 못했다. 구세훈 역시 별다른 혐의점이 없어 보였다. 게다가 출

입국 기록까지 있으니, 알리바이는 확실한 셈. 그렇다면 부자남이 오라도에서 만났다는 사람은 도대체 누구란 말인가.

범인은 누구일까?

결국 그날 오라도에 있었다는 사람의 흔적은 어디에서도 찾지 못했고 사건은 점점 미궁으로 빠져 들었다. 수사 결과를 보고하는 자리가 끝나고 박 교장과 어 형사가 돌아갔는데도 아이들은 각자의 생각에 빠져 아무도 일어나지 않았다. 하루 종일 수사했는데도 증거도 찾지 못한 실망감에 방 안 가득 깊은 침묵만 흐르고 있었는데, 요리가 그 정적을 깼다.

"혹시 오라도로 들어가는 다른 뱃길이 있는 건 아닐까?"

"그래, 바로 그거야!"

모두 동시에 소리쳤다. 왜 그 생각을 못했을까?

"좋아! 그럼 어떤 섬이 가능할지 찾아보자."

혜성이의 말이 떨어지기가 무섭게 아이들은 컴퓨터 앞에 앉아 오라도 주변에 있는 섬을 검색하기 시작했다. 곧이어 각자 찾은 자료를 펼쳐 놓았는데, 신기하게도 그들이 찾은 곳은 모두 '가라도'.

"맞아! 가라도야. 인천에서는 오라도보다 더 가까운 1시간 거리지."

"항구가 세 곳이나 되니까 배를 구하기는 쉬울 거야."

"선지항에 가면 배도 빌려 준대. 배를 빌려서 오라도에 갔을 수 있지."

"좋아! 그럼 내일 가라도에 가서 부연희, 나영민, 구세훈 중에 15일과 16일에 배를 빌린 사람이 있나 알아보자."

"그래!"

다음 날, 아이들은 가라도로 갔다. 그리고 제일 먼저 선지항을 찾아가 세 사람의 사진을 일일이 보여 주며 목격자가 있는지 찾아보았다. 그러나 셋 중 누구도 알아보는 사람이 없었다. 남은 곳은 명지항과 용지항. 세 시간을 헤맨 결과, 용지항에서 드디어 배를 빌려 주었다는 어부를 만났다. 그런데 배를 빌려간 사람은, 바로 구세훈이었다.

"어, 이 사람! 알지. 15일 오전 10시쯤 됐나? 배를 하루만 빌려 달라고 하더라고. 그래서 내일 아침 일 나가야 해서 안 된다고 했더니, 값은 충분히 치를 테니 꼭 빌려 달라고 계속 조르는 거야. 바다낚시 한다고. 그래서 할 수 없이 빌려 줬지. 물론 돈도 충분히 받긴 했지만."

"그럼 배는 언제 돌려받았나요?"

"글쎄. 그날 저녁엔 늦게까지 없었고, 다음 날 새벽 5시쯤 나가 보니까 있더라고."

정말 이상한 일이었다. 구세훈은 그날 아침 7시 비행기로 일본 출장을 갔다고 했다. 증거물로 여권에 찍힌 출입국 기록까지 보여 주지 않았던가. 그런데 출장 갈 사람이 전날 바다낚시를 했다? 그럼 범인은 구세훈?

"가만, 부자남 사망 시간이 몇 시라고 했지?"

혜성이가 묻자, 요리가 대답했다.

"오전 6시에서 7시 사이!"

"그럼 더 말이 안 되지. 구세훈이 배를 빌렸다가 돌려준 시간이 새벽 5시 이전. 그런데 부자남은 그 이후에 사망했고, 부자남이 사망한 시각에 구세훈은 일본행 비행기를 탔다. 어떻게 그럴 수 있냐고!"

달곰이가 물었다. 그러자 영재가 고개를 갸우뚱하며 말했다.

"하지만 이상하기도 해. 구세훈은 분명히 전날 집에서 쉬었다고 했는데, 사실은 여기에 온 거잖아. 배를 타고 오라도에 가지 않았더라도 왜 거짓말을 했지?"

바로 그때, 가만히 생각에 잠겨 있던 혜성이가 물었다.

"가만, 여기는 황해고, 오라도는 황해에 있는 섬이지?"

조금 황당한 질문에 모두 혜성이를 쳐다봤다. 그리고 동시에 말했다.

"당연하지."

"그럼 혹시 만조와 간조의 차를 이용한 건 아닐까?"

혜성이의 말에 모두들 귀가 솔깃해졌다.

"만조와 간조의 차?"

"생각해 봐. 황해는 밀물이 해안가 끝까지 들어오지만 썰물 때는 수백 미터에서 수 킬로미터까지 갯벌이 펼쳐지지. 그리고 밀물과 썰물은 하루에 두 번, 12시간 24분이라는 일정한 시간마다 반복된다고."

"그런데 그게 이 사건하고 무슨 관계가 있는데?"

달곰이가 물었다.

"가만! 계산 좀 해 보고. 우리가 오라도에 들어간 시간이 오후 1시. 그때는 간조였지. 그렇다면 12시간 24분 전, 그러니까 대략 전날 밤 12시 30분 정도에도 역시 간조. 그런데 새벽 6시 45분쯤이 물이 가장 많이 차오른 만조 때란 말이지! 그러니까 부자남은 술에 취해 갯벌에 누워 있다가 밀물이 들어오면서 익사한 거야. 어때?"

혜성이의 추리에 달곰이도 동의했다.

"맞다! 오라도에 술병이 많았잖아. 구세훈은 술을 잘 못하는 부자남에게 일부러 술을 먹이고 갯벌에 버려둔 채 오라도를 빠져나온 거야."

"그래. 그리고 가라도에 5시 전에 도착, 배를 돌려주고 공항으로 간 거지. 알리바이를 만들기 위해."

혜성이가 정리하자, 영재가 맞장구쳤다.

"맞아. 여기서 다리 하나만 건너면 바로 국제공항이 있잖아."

그러자 이번에는 요리가 자신의 생각을 말했다.

"그럼 혹시 오라도에 있는 술병에 구세훈이랑 부자남의 지문이나 침이 남아 있지 않을까?"

"그래, 바로 그거야!"

아이들은 곧바로 가라도 해양 경찰대에 갔다. 그리고 해양 경찰대의 도움으로 배를 타고 오라도로 갔다. 다행히 지난번에 왔을 때 한곳에 치워 두었던 술병들이 그대로 있었다. 아이들은 그 술병들을 모두 가지고 와서 과학 수사대에 지문과 침에 대해 검사를 부탁했다.

왜 그랬을까?

"알고 보니, 구세훈이 부동산 중개업을 하고 있더라고."
어 형사의 말에 혜성이는 정말 흥분했다.
"그럼 더 확실해지네요. 오라도를 사라고 부자남에게 접근해 오라도로 유인해서 범행을 저지른 거네요."
그러자 요리가 이상하다는 듯이 물었다.
"구세훈과 부자남은 친구잖아요. 그런데 왜 부자남을 죽였을까요?"
그때, 구세훈이 연행되어 왔다. 구세훈은 계속 결백을 주장했다.
"가라도에서 배를 빌린 건 사실이지만 오라도에는 안 갔어요."
"그럼 배를 빌려서 뭘 했죠?"
어 형사가 묻자 구세훈은 천연덕스럽게 대답했다.
"낚시요. 제가 바다낚시를 좋아하거든요."
"그런데 왜 집에서 쉬었다고 거짓말을 했죠?"
"괜히 오해받기 싫어서요. 그 시간에 가라도에 있었다고 하면, 거기서 2시간 거리에 있는 오라도에 있었다고 오해받을 수도 있잖아요."
그러자 이번엔 혜성이가 물었다.
"오라도에 가 본 적도 없다면서 어떻게 오라도가 가라도에서 2시간 거리인 걸 아시죠?"
"허, 참! 가라도에 가면 주변 지도에 가는 시간까지 다 적혀 있어."

구세훈이 어이없다는 듯이 대답했다. 이번에는 요리가 물었다.

"그럼 몇 시까지 낚시를 하셨나요? 그리고 언제 배를 돌려주셨죠?"

"저녁때쯤 끝냈지. 6시쯤? 그리고 바로 돌려줬어."

"어부 아저씨가 그날 밤에는 분명히 배가 없었다고 하던데요."

영재의 말에 순간, 구세훈의 얼굴이 일그러졌다. 바로 그때였다. 박 교장이 들어오더니 말했다.

"구세훈! 친아버지가 자살한 이창민 사장, 맞지?"

모두 깜짝 놀랐다. 구세훈이 이창민 사장의 아들이라니! 그렇다면 결국 부자남 때문에 아버지가 자살한 것인가? 구세훈도 그것만은 부정할 수 없는지 얼굴이 사색이 되었다.

"그런데 왜 구 씨야? 이 씨여야지!"

어 형사가 묻자, 박 교장이 구세훈 대신 대답했다.

"부모가 이혼한 후 어머니 성으로 바꿨지. 평소 아버지의 회사를 물려받을 거라고 여기저기 자랑하고 다녔다는데, 한 달 전 아버지 회사가 넘어갔다고 친구들 앞에서 술 마시고 울고불고 난리였다더군. 그리고 한 가지 더! 휴대 전화 사용 내역을 보니, 당신이 부자남에게 전화를 걸기 시작한 건 딱 한 달 전. 바로 이창민 사장 사망 직후야. 이상하지 않아? 친한 친구라면서 그전에는 한 번도 전화를 안 한 게……."

"다 사실입니다. 하지만 죽이지는 않았어요. 정말 전 오라도에 간 적이 없습니다."

그러자 박 교장은 한숨을 쉬며 말했다.

"오라도에서 가지고 온 술병에서 당신과 부자남의 지문과 DNA가 나왔어. 이제 자백해."

그러자 이제껏 대체로 평온한 자세로 또박또박 대답하던 구세훈이 갑자기 울부짖기 시작했다.

"하지만 진짜 죽이진 않았어요. 그냥 두고 왔을 뿐이에요. 미웠어요. 내 인생을 송두리째 날려 버린 자남이가 미웠어요. 그래서 그냥 두고

> **DNA(디엔에이)란?**
> 디옥시리보 핵산(Deoxyribo Nucleic Acid)의 줄임말이야. 두 개의 가닥이 나선 모양을 이루고 있어. 생물의 세포 내에서 생명을 유지하고 자손에게 물려주는 모든 정보를 보관하는 물질이지.

왔어요. 그냥 두고 왔을 뿐이라고요, 흑흑흑."

어 형사가 기가 막히다는 듯이 말했다.

"술 못 마시는 사람을 술 먹여서 갯벌에 내버려 두고, 알리바이를 위해 철저하게 준비한 것. 충분히 계획적인 범행이야."

어 형사가 구세훈을 끌고 나가자, 아이들은 안도의 한숨을 쉬었다. 꼬이고 꼬인 사건을 드디어 해결한 것이다. 역시 '어린이 과학 형사대 CSI' 아닌가! 박 교장이 특유의 온화한 미소를 지으며 말했다.

"자, 이제 사건도 다 해결되었으니, 다시 무인도로 가 볼까?"

엥? 무, 무인도라고? 처음부터 가기 싫었던 무인도. 이젠 듣기만 해도 지긋지긋한데, 다시 가다니!

"무인도요? 싫어요. 싫어요."

"전 처음부터 싫었어요."

"저도요. 저도요."

"그래도 가야지. 처음에도 싫었으니까 이번에도 싫어도 간다! 그렇죠, 교장 선생님!"

요리가 너스레를 떨자, 박 교장도 웃으며 대답했다.

"그래, 바로 그거지! 하하하."

방 안 가득 웃음꽃이 활짝 피었다.

 혜성이가 들려주는
사건 해결의 열쇠

'무인도에서 생긴 일'을 해결하는 열쇠는 '조석'의 원리를 이해하는 거야. 이 조석에 의해 밀물과 썰물이 일어나지. 그럼 조석이란 무엇이고 왜 일어나는지 알아볼까?

💡 조석이란?

'조석'이란 바닷물의 표면이 주기적으로 높아졌다 낮아졌다 하는 현상을 말해. 조석 때문에 바닷물이 바닷가로 밀려왔다가 다시 빠져나가지. 이때 바닷물의 표면이 높아지면서 바닷물이 바닷가로 들어오는 흐름을 '밀물'이라고 하고, 바닷물의 표면이 낮아지면서 바닷물이 빠져나가는 흐름을 '썰물'이라고 해. 그리고 바닷물의 표면이 가장 높은 상태를 '만조', 가장 낮은 상

황해(영광)

동해(포항)

〈황해와 동해의 조차〉

태를 '간조'라고 하지. 만조와 간조의 차이를 '조차'라고 해.

　우리나라 동해와 같이 수심이 깊은 바다에서는 조차를 쉽게 느낄 수 없지만, 황해와 같이 수심이 얕은 곳에서는 조차가 엄청나지. 어떤 곳은 조차가 8m에 이르기도 해. 이때는 끝없이 넓은 갯벌이 펼쳐지지.

💡 조석의 원인은?

　그렇다면 조석은 왜 일어날까? 조석에 가장 큰 영향을 주는 것은 달이 지구를 잡아당기는 힘(인력)이야. 달의 인력의 영향으로 지구에서 달과 가까운 쪽과 달의 반대쪽에서는 바닷물이 볼록하게 부풀어. 그래서 바닷물의 표면이 가장 높아지는 만조가 되지.

　그런데 지구에 있는 바닷물의 양은 일정하니까 양쪽에서 물을 끌어당기면 그 물이 어디서 오겠어? 옆에서 오겠지? 그래서 달과 가까운 쪽과 그 반대쪽 사이의 부분에서는 바닷물의 표면이 가장 낮은 간조가 되지.

　지구는 일정한 속도로 하루에 한 바퀴 돌기 때문에, 만조와 간조는 하루에 각각 두 번씩 일정한 주기로 반복돼.

　달뿐만 아니라 태양도 조석에 영향을 줘. 태양도 지구를 잡아당기고 있기 때문이지. 그런데 태양은 달보다 훨씬 멀리 떨어져 있기 때문에 태양의 영향은 달보다 적어.

달이 조석에 가장 큰 영향을 줘.

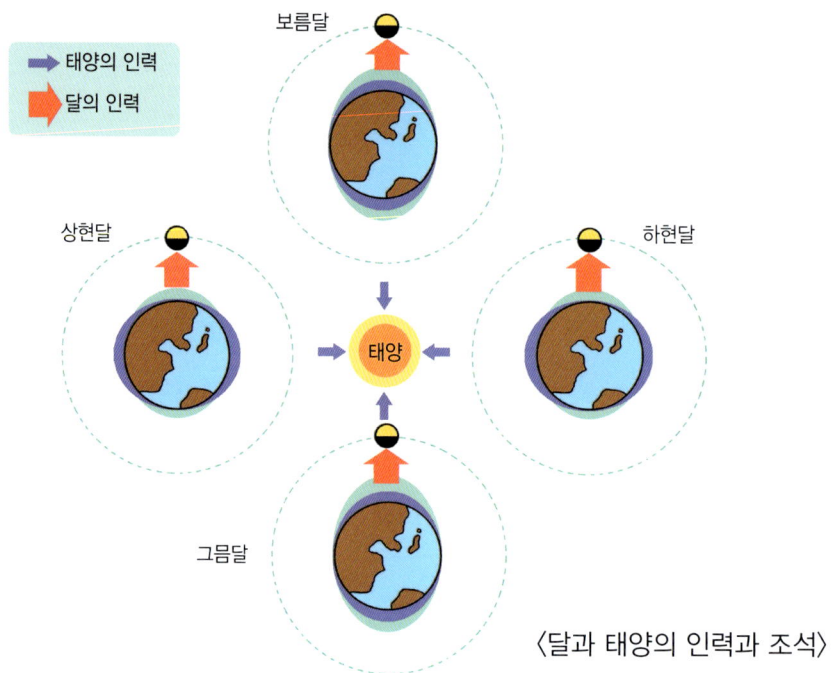

〈달과 태양의 인력과 조석〉

💡 조석의 주기와 조차의 변화

조석은 24시간 48분 동안 두 번 일어나. 즉, 만조와 만조 사이, 그리고 간조와 간조 사이의 주기는 12시간 24분이지. '밀물과 썰물의 시간이 매일 48분씩 늦어진다.'고 생각하면 돼.

왜 24시간이 아니라 24시간 48분일까? 달은 약 29.5일에 한 번 지구 둘레를 돌아. 하루에 약 12도를 도는 셈이지. 지구는 자전하는 데 24시간이 걸리니까, 달을 다시 보려면 12도만큼 더 자전해야 해. 지구가 12도만큼 자전하는 데 걸리는 시간이 48분이기 때문에 조석은 24시간 48분 동안 발생하는 거야. 시간에 따른 만조와 간조의 변화를 그래프로 정리해 보았어.

그런데 하루의 변화를 모아 한 달을 정리해 보면, 만조와 간조의 높이는 조금씩 달라진다는 것을 알 수 있어. 그건 조석이 달과 태양의 영향을 같이 받기 때문이야. 조차는 보름달이나 그믐달처럼 달과 태양이 일직선에 있을 때 가장 커. 반면에 조차는 상현달과 하현달일 때처럼 태양과 달이 직각으로 놓일 때 가장 작지.

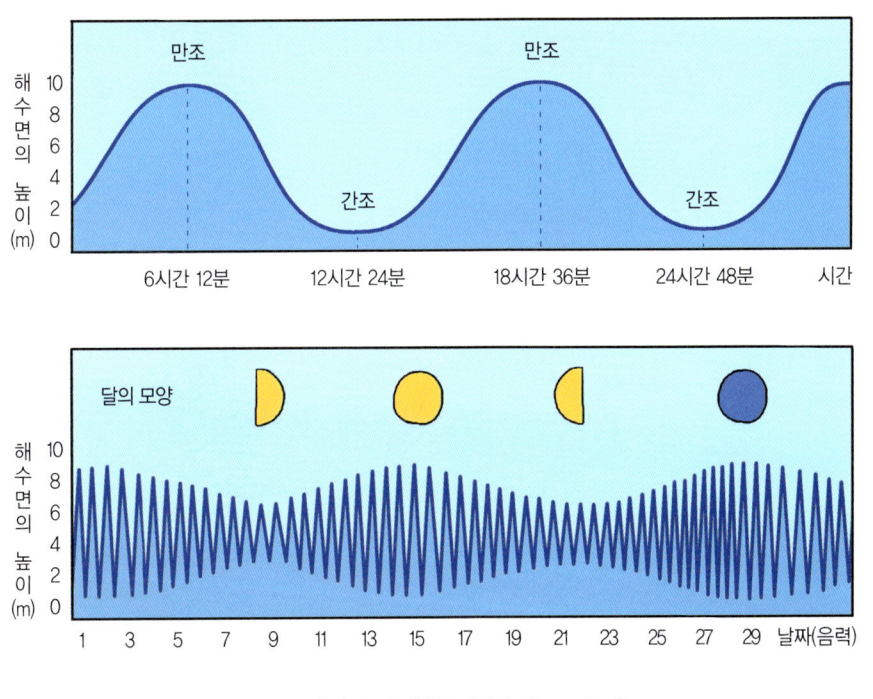

〈밀물과 썰물의 주기 그래프〉

그러니까 잘 생각해 봐. 아이들이 오라도에 도착한 시간은 오후 1시. 그때는 물이 다 빠져나간 간조였지. 거꾸로 시간을 계산해 보면, 12시간 24분 전인 전날 밤 12시 30분 정도에도 간조였을 테고, 그 사이의 시간인 아침 6시 45분쯤이 물이 가장 많이 차오른 만조였다는 말이지! 그런데 부자남의 사망 시간은 오전 6시에서 7시 사이. 결국 술에 취해 갯벌에서 정신을 잃은 부자남은 그대로 익사한 거야. 어때, 이젠 알겠지?

■ 핵심 과학 원리 – 물의 상태 변화

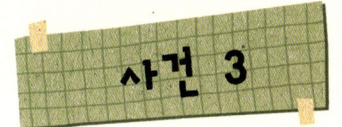

다이아몬드를 찾아라

5월 2일. 반짝이파가 타이에서 다이아몬드를 밀수한다는 정보를 입수. 공항으로 출동해 타이에서 들어오는 반짝이파 일당 세 명을 잡았으나, 다이아몬드를 찾지 못함. 결국 증거 불충분으로 모두 석방.

 야속한 박 교장

403호 20XX년 5월 20일　　　　팡팡일보　　　　　　　　　　　사회

"어린이 과학 형사대 CSI, 역시 최고의 명탐정!"

어린이 과학 형사대가 또 대박을 터뜨렸다. 미궁으로 빠질 뻔한 무인도 살인 사건을 해결한 것. 그들의 대단한 활약은 끝이 없다. 대한민국, 이제 그들에게 맡겨라!

또 한 번 난리가 났다. 무인도 살인 사건을 해결한 것을 팬 카페에 올렸더니, 금세 신문마다 대서특필. 최고의 명탐정 소리를 들으니, 아이들은 그동안 고생한 보람과 뭔가 해냈다는 기쁨으로 날아갈 것만 같았다.

"이번엔 혜성이 형이 다 해결한 거나 마찬가지야. 난 범인이 조석의 차이를 이용할 줄은 생각도 못했거든."

달곰이가 혜성이를 칭찬하자 요리는 달곰이를 칭찬하고 나섰다.

"달곰이는 기포강 쇠백로 사건을 해결했잖아. 그것 역시 너의 끈질긴 노력이 아니었으면 절대 해결하지 못했을 거야."

"이런, 이런. 주거니 받거니, 아주 신이 났구나!"

어느새 들어왔는지 어 형사가 어이없다는 듯이 한마디 했다. 그런데 왠지 어 형사 표정이 영~, 뭔가 탐탁지 않았다. 게다가 어 형사는 한껏 심각한 목소리로 말을 이었다.

"미안하다, 내가 못 막아 줘서. 교장 선생님께 가 보거라."

전혀 어 형사답지 않은 말투에 아이들은 '뭔가 문제가 생겨도 단단히 생겼구나!' 하는 직감이 들었다. 교장실에 가 보니, 박 교장은 예상대로 단단히 화가 난 표정이었다. 무슨 일인가 하여 서로 눈치만 보고 있는데 드디어 박 교장이 말문을 열었다.

"너희는 지금 스타가 된 기분이겠지만, 지금은 형사로서 절대적으로 나쁜 상황이야. 너희의 신분이 노출된 것만으로도 수많은 위험이 도사리고 있어. 하지만 너희는 아직 자신을 보호할 능력이 없지. 또 아직 어리고 많이 배워야 할 때가 아니니? 그러므로 앞으로는 학생 본연의 자세로 돌아가 배우는 데 더 열심히 해 주길 바란다. 알았나?"

"네."

대답은 했지만 아이들은 실망했다. 칭찬받을 줄 알았는데 오히려 혼나다니! 아이들 덕분에 학교 예산도 더 받고, 학교 명예도 높아지지 않았는가? 그런데도 매스컴에 알레르기 반응을 보이는 것은 박 교장의 지나친 결벽증이라는 생각이 들었다. 특히 혜성이는 박 교장이 아직도 자신들의 능력을 믿지 못한다는 생각에 서운한 마음이 들었다.

그날 저녁이었다. 뉴스 토론을 끝내고 각자의 방으로 돌아가려는데, 혜성이가 자기 방으로 오라는 눈짓을 했다. 모두 혜성이의 방으로 모이자, 혜성이는 보고서 하나를 꺼내 보여 주었다.

"아까 사건 파일 정리하다가 찾은 건데, 한번 봐."

5월 2일. 반짝이파가 타이에서 다이아몬드를 밀수한다는 정보를 입수. 공항으로 출동해 타이에서 들어오는 반짝이파 일당 세 명을 잡았으나, 다이아몬드를 찾지 못함. 결국 증거 불충분으로 모두 석방.

"이건 왜?"
달곰이가 묻자 혜성이는 답답하다는 듯이 말했다.
"우리가 이 사건을 해결하는 거야. 교장 선생님과 어 형사님의 도움을 받지 않고 우리 힘으로. 그래서 아직도 우리의 능력을 믿지 못하시는 교장 선생님께 우리의 능력을 확실하게 보여 드리는 거야!"

요리가 조심스럽게 물었다.

"그럼 우리끼리 몰래 수사하자는 얘기야?"

"몰래라고 말하는 건 좀 그렇고, 그냥 우리끼리 자립해서 해결하자 이거지. 두 분 놀라시게. 서프라~이즈! 몰라?"

"하지만 나중에 아시면 혼나지 않을까? 지난번 곡예사 추락 사건도 우리끼리 해결하려다가 혼났잖아."

달곰이가 걱정이 되어 말했지만 혜성이는 이미 결심을 굳힌 듯했다.

"그땐 영재가 붙잡혔잖아. 이번에는 그런 실수 안 하고 멋지게 해결하면 되지. 요리야, 어때? 해 볼래?"

요리는 혜성이의 고집을, 아니 자존심을 잘 알고 있었다. 절대로 포기할 애가 아니었다. 그렇다면!

"좋아! 이제까지 교장 선생님과 어 형사님 도움을 많이 받았는데, 사실 나도 우리의 능력이 궁금해. 한번 해 보지, 뭐."

"좋아, 그럼 영재랑 달곰이는? 걱정되면 빠져. 우리 둘이 할 테니까."

그것도 말이 안 되는 얘기 아닌가. '어린이 과학 형사대'는 네 명! 그런데 둘씩 갈라지다니! 그건 영재나 달곰이도 바라는 바가 아니었다.

"알았어. 우리도 할게."

결국 아이들은 박 교장과 어 형사 몰래 사건을 수사하기로 했다.

수사를 시작하다

다음 날, 수업이 끝나고 아이들은 도서관에 가는 척하고는 둘씩 짝을 지어 각자 맡은 일을 하러 갔다.

혜성이와 요리는 우선 공항 관리국으로 가서 반짝이파가 입국할 때의 장면이 녹화된 CCTV 데이터를 찾아보기로 했고, 영재와 달곰이는 반짝이파 두목인 반보석의 행적을 추적하기로 했다.

공항버스를 타고 1시간이나 걸려서 공항 관리국에 도착한 혜성이와 요리는 조금은 걱정이 되었다. 박 교장과 어 형사의 도움 없이도 데이터를 받아 올 수 있을지 확신이 서지 않았다. 그런데 이게 웬일?

"안녕하세요? 어린이 형사 학교……."

"가만, 너희 어린이 과학 형사대 맞지? 네가 나혜성, 넌 이요리!"

아이들의 인사가 채 끝나기도 전에 공항 관리국 반장이 아이들을 알아본 것이다. 당황한 혜성이와 요리. 하지만 혜성이는 곧 가뿐하게 적응, 스타로서의 면모를 잃지 않고 여유 만만한 표정으로 물었다.

"혹시 5월 2일에 녹화된 CCTV 데이터 좀 볼 수 있을까요? 반짝이파 일당 입국 장면이요."

"반짝이파? 아, 그거! 경찰에서 큰소리쳤다가 결국 증거를 못 찾았지. 그런데 왜?"

공항 관리국 반장은 잔뜩 호기심을 보이며 물었다. 그러자 요리가 제

법 형사 티를 내며 말했다.

"아직 말씀드릴 수는 없고요. 일단 확인할 게 있어서요."

"글쎄……. 그건 아무나 못 주는데……."

반장이 난처한 표정을 짓자, 요리가 다시 말했다.

"걱정 마세요. 얼른 보고 갖다 드릴게요."

"사건 해결을 위해서 꼭 필요한 자료예요. 부탁드립니다."

요리와 혜성이의 간곡한 부탁에 결국 반장은 데이터를 빌려 주었다.

한편, 달곰이와 영재는 수소문 끝에 반짝이파 두목인 반보석의 집을 알아냈다. 둘은 혹시나 반보석을 볼까 하여 집으로 찾아갔다. 예상대로 보석 밀수로 상당한 부를 쌓은 듯, 으리으리한 저택이었다.

30분쯤 지났을까. 대문이 열리더니, 한 남자의 모습이 보였다. 사건 파일에서 본 반보석이 틀림없었다. 그는 골프를 치러 가는 길인지 골프 클럽을 들고 애인인 듯한 여자와 함께 나왔는데, 애인 역시 온몸에 보석을 주렁주렁 달고 커다란 선글라스를 쓴 모습이 어디를 가나 눈에 띌 만큼 화려했다. 달곰이와 영재는 열심히 둘의 모습을 사진에 담았다.

 다이아몬드는 어디에?

짧은 시간에 각자 맡은 수사를 마친 아이들은 도서관으로 다시 들어간 다음, 저녁 시간에 맞추어 도서관에서 공부한 척하며 기숙사로 돌아왔다. 그러고는 한밤중이 되어서야 혜성이의 방에 다시 모였다.

"어때? 어 형사님, 모르시는 거 같지?"

"어, 다행이야. 오늘 바쁘셨나 봐. 안 찾으신 거 같아."

"좋았어. 그럼 데이터부터 보자."

아이들은 서둘러 공항 관리국에서 가져온 CCTV 데이터부터 보았다.

여느때와 마찬가지로 평온한 분위기의 공항 입국장. 그런데 한 남자가 나오자, 그가 사람들 사이에 묻히기 직전에 사복 경찰들이 나타나 순식간에 제압해 끌고 간다. 그렇게 모두 세 명의 남자를 잡은 후 사복 경찰들은 유유히 사라진다. 그리고 입국장은 여전히 평온한 상태.

"별거 없네."

한껏 기대하고 본 데이터에서 별다른 단서를 발견하지 못하자 혜성이는 영 실망한 표정이었다. 그래서 화면을 끄려는 순간이었다.

"잠깐! 스톱!"

영재가 소리쳤다. 무언가 발견한 모양이었다.

"조금만 더 앞으로 돌려 봐. 천천히."

데이터를 앞으로 돌려 다시 천천히 보았다. 그러자 영재가 말했다.

"멈춰! 이 여자, 이 여자야."

영재는 사람들 사이에 가려져 머리만 나온 여자를 가리켰다.

"이 여자, 반짝이파 두목인 반보석의 애인이야. 이 사진을 봐. 아까 반보석의 집에서 둘이 나오는 거 찍은 거야."

워낙 멀리 있어서 쉽게 눈에 띄지 않은 여자. 영상을 좀 더 확대했다.

그랬더니 똑같은 머리 모양과 선글라스에 얼굴도 똑같은 게 아닌가!

"그렇다면 일부러 부하들을 풀고 정보를 흘려서 경찰을 따돌린 다음, 전혀 알려지지 않은 인물을 이용해 물건을 옮겼다?"

혜성이가 정리하자 요리는 새로운 의문을 제기했다.

"그럼 지금 다이아몬드는 어디에 있을까? 경찰이 눈을 부릅뜨고 찾고 있으니까 아직 팔진 못했을 텐데……."

그렇다. 설령 애인을 통해 다이아몬드를 들여왔다 해도 아직까지 애인에게 다이아몬드를 맡겼을 리는 없다.

"방법이 없지, 뭐. 일단 집부터 뒤져 보는 수밖에."

영재의 의견에 아이들은 다음 날 다시 반보석의 집에 가 보기로 했다.

한편, 어 형사는 아이들이 이상하다는 것을 알고 있었다. 아까 낮에 결혼한 직원이 떡을 돌려서 아이들에게도 주기 위해 찾았는데, 아무리 찾아도 없는 것이었다. 게다가 혜성이의 책상에 '반짝이파 다이아몬드 사건' 파일이 있는 것이 아닌가! 그 길로 어 형사는 박 교장에게 달려갔다. 그러나 어 형사의 말을 들은 박 교장은 딱 한마디를 했다.

"그냥 지켜보지."

다이아몬드를 찾아라!

다음 날, 반보석의 집으로 간 아이들은 반보석이 나오기를 기다렸다.

그렇게 한 시간쯤 지났을까, 반보석과 그의 애인이 세 명의 부하들과 함께 나왔다. 잠시 후 반보석 일행을 태운 차가 사라졌다. 영재와 달곰이는 밖에서 망을 보기로 하고, 혜성이와 요리가 집에 들어가기로 했다.

혜성이와 요리는 준비해 온 줄을 걸어 날쌔게 담을 넘어 집으로 들어갔다. 누가 있나 살폈으나 집에는 아무도 없었고, 급하게 나갔는지 현관문도 열려 있었다. 둘은 일단 집 안으로 들어가 금고부터 찾기 시작했다. 값비싼 다이아몬드를 아무 데나 둘 리는 없고, 분명 금고에 넣어 두었을 거라 생각했기 때문이다. 그러나 아무리 뒤져도 금고는 없었.

"다시 생각해 보자. 나라면 다이아몬드를 어디에 뒀을까?"

혜성이의 질문에 요리가 잠깐 생각하더니 대답했다.

"맞다! 우리 엄마는 반지 같은 거 서랍 속에 잘 두시더라고. 옷 사이에 끼워 넣는 거지."

"나 같으면……. 화장실 어때? 사람들이 잘 생각하지 못하는 곳, 그런 곳에 두었을 거 같아."

"좋아, 찾아보자."

둘은 다시 각자가 생각하는 곳을 뒤지기 시작했다. 그러나 어디를 뒤져도 다이아몬드는 찾을 수 없었다.

그러는 사이 시간은 30분이 넘게 흐르고, 요리는 조금씩 불안한 생각이 들기 시작했다. 반보석이 언제 돌아올지 모르기 때문이었다.

"이제 그만 가자. 더 이상은 위험해."

하지만 혜성이는 포기할 수 없었다.

"조금만. 조금만 더 찾아보자. 분명히 집에 있을 거야."

"벌써 30분이나 지났어. 반보석이 오면 어떡해. 빨리 나가야 돼."

그렇게 둘이 실랑이를 하는 동안, 밖에서 망을 보던 달곰이와 영재도 조금씩 걱정이 되기 시작했다.

"아직도 못 찾았나?"

달곰이가 걱정을 하자, 영재도 걱정스럽게 말했다.

"요리 누나, 빨리 나와야 되는데!"

'왜 요리 누나만이지?'

달곰이는 좀 이상하다는 생각이 들었다.

"안 되겠어. 이젠 그만 나오는 게 좋을 것 같아."

영재는 안 되겠다는 듯이 휴대 전화를 꺼내 들었다. 바로 그때 차 소리가 들렸다. 소리 나는 쪽을 보니, 반보석의 차가 오는 게 아닌가!

"바, 반보석이야!"

둘은 재빨리 몸을 숨겼다. 그사이 반보석과 부하들이 벌써 차에서 내리고 있었다. 영재는 얼른 전화를 걸었다.

"빨리 받아, 빨리!"

영재와 달곰이의 가슴은 타들어 갔다. 그 순간, 딸깍! 요리였다.

"나와!"

영재의 한마디에 요리와 혜성이는 금세 상황을 알아차렸다. 그래서 쏜살같이 현관문으로 뛰어왔는데, 어머나, 벌써 반보석 일행이 대문으로 들어서는 것이 아닌가! 혜성이는 얼른 요리를 잡아끌고 뒤뜰로 숨었다. 다행히 들키지는 않은 듯했다.

잠시 후 반보석 일행이 현관으로 들어가는 소리를 확인하고 나니, 둘은 온몸에서 식은땀이 주르륵 흘러내렸다. 이제 됐다 싶어 조심조심 대문으로 가려고 하는데, 바로 그때!

"컹컹, 컹컹컹!"

돌아보니, 커다란 개가 짖고 있었다. 이런! 뒤뜰에 개가 있다는 것을 몰랐던 것이다.

"뛰어!"

둘은 대문으로 죽어라 뛰기 시작했다. 그러나 이미 때는 늦었다. 벌써 반보석의 부하들이 뒤뜰로 오고 있었던 것이다. 결국 요리와 혜성이는 붙잡히고 말았다.

밖에 있던 달곰이와 영재도 안에서 들리는 개 짖는 소리와 사람들의 말 소리로 상황을 파악했다.

"어떡해, 잡혔나 봐."

달곰이가 당황하자 영재는 특유의 침착한 표정으로 말했다.

"할 수 없어. 어 형사님께 전화하자. 그 방법밖엔 없어."

"우리끼리 수사한 거 아시면 정말 화내실 텐데."

달곰이가 걱정하자 영재가 냅다 소리를 질렀다.

"일단 구해야 될 거 아냐!"

붙잡힌 혜성이와 요리

혜성이와 요리는 반보석 앞으로 끌려갔다. 반보석 역시 요즘 최고의 인기를 달리는 혜성이와 요리를 몰라보지 않았다.

"가만, 이게 누구신가! 최고의 어린이 형사 나리들께서 우리 집에 다 납시어 주시고, 이거 황송한데! 하하하."

"다이아몬드는 어디에 뒀어요?"

혜성이가 밀리지 않고 당당하게 물었다. 역시 대단한 카리스마! 그러자 반보석은 약간 당황하는 듯하더니, 이내 시치미를 뚝 떼며 말했다.

"다이아몬드? 무슨 다이아몬드? 아, 그 형사들이 괜히 찾고 난리쳤던 거! 분명히 없다고 결론 났잖아. 그걸 왜 여기 와서 찾는 거야?"

그러자 요리가 말했다.

"아저씨 애인이 가지고 들어왔잖아요. 공항으로 들어오는 거 봤어요."

그러자 순간, 반보석의 눈이 번쩍! 물론 우리의 눈치 빠른 요리가 그걸 놓칠 리가 없다.

'그래! 우리 예상이 맞았어. 그런데 도대체 어디 있는 거지?'

"하하하. 그래서 여기 있다는 거야, 그 다이아몬드가? 찾았어?"

요리와 혜성이는 할 말이 없었다. 그렇게 뒤졌어도 없었으니 말이다.

"가만, 그나저나 우리 집에는 어떻게 들어왔지? 아무리 잘나가는 형사라고 해도 거 뭐야, 집 뒤질 때 가져오는 거."

그러자 옆에 있던 부하가 얼른 말해 주었다.

"수색 영장이요."

"그래, 그거. 그거 없이 남의 집에 들어오는 것은 분명히 불법이지. 거 뭐라더라? 주, 주······."

"주거 침입죄요."

역시 옆에 있던 부하가 말해 주었다.

"그래. 주, 주거 침입죄. 그거 아주 무섭다고 하던데?"

순간, 요리와 혜성이는 픽 웃음이 나왔다. 그러자 반보석은 자신의 무식함이 탄로 난 것이 기분 나빴는지, 괜히 더 큰소리를 쳤다.

"내가 누군지 잘 모르는 모양인데, 손 좀 봐 줘야겠군. 얘들아!"

그 말에 요리도 혜성이도 겁이 났다. 그러나 여기서 물러날 순 없지!

"마음대로 하세요. 이제 곧 경찰이 우리를 구하러 올 테니까 손끝 하나라도 건드리면 바로 후회하실 걸요?"

혜성이의 당찬 말에 반보석도 움찔, 표정이 일그러졌다.

"잠깐!"

반보석은 요리와 혜성이에게 달려들려는 부하들을 멈추게 하고는 벌떡 일어나 냉장고로 갔다. 그리고 뭐 하나 했더니, 물에 얼음까지 넣어 와서는 벌컥벌컥 마시는 것이 아닌가! 단단히 열 받은 모양이었다.

"그래, 그래. 경찰이 온다 이거지. 그 사이에 너희는 무사할까? 아무리 큰소리를 쳐도 다 보여. 지금 속이 바짝바짝 타지? 하하하!"

정말 반보석의 말대로 요리와 혜성이는 속이 바짝바짝 타고 갈증이 났다. 큰소리를 치긴 했지만 몰래 온 터라 영재와 달곰이가 박 교장과 어 형사에게 연락을 하지 않았다면 경찰은 이 상황을 전혀 모를 테니, 구하러 온다는 것은 정말 희망 사항이었다.

"시원한 물 좀 줄까? 얼음까지 동동 띄웠는데."

반보석이 눈앞에서 컵까지 흔들어 대며 비아냥거렸다. 요리와 혜성이는 점점 더 불안해졌다. 반짝이파로 말할 것 같으면 피도 눈물도 없는 조직으로 유명하고, 그중에서도 특히 두목 반보석은 비열하고 악랄한 사람으로 이름을 날리고 있었다. 그런데 이들에게 붙잡혔으니 이제 아이들의 목숨은 파리 목숨이 아니고 무엇이랴!

"하하하. 겁을 잔뜩 집어먹은 얼굴이군."

반보석은 비열한 웃음을 지으며 컵에 든 얼음을 와삭와삭 씹어 먹었다. 자신의 잔인함을 보여 주듯이. 요리와 혜성이는 완전히 사색이 되었다. 박 교장과 어 형사의 도움 없이 사건을 해결하겠다던 처음의 의지는

온데간데없고, 제발 자신들을 구하러 와 주길 바라고 또 바랐다.

그때였다. 반보석이 갑자기 휙 뒤를 보더니 부하들에게 명령했다.

"그냥 돌려보내!"

잡아먹을 듯이 무섭게 굴더니, 그냥 돌려보내라고? 갑작스러운 반보석의 행동에 혜성이와 요리뿐 아니라 그의 부하들마저도 의아해했다.

"그냥 돌려보내요?"

부하 중 한 명이 다시 물었다. 그러자 반보석은 갑자기 신경질을 내며 소리를 질렀다.

"그래, 빨리 돌려보내란 말이야!"

운동장을 뛰고 나니!

한편, 박 교장과 어 형사가 오기를 기다리는 영재와 달곰이는 마치 1분이 천년만년은 되는 것 같았다. 그렇게 20분쯤 지났을까? 경찰차 사이렌이 울리고 박 교장과 어 형사가 차에서 내렸다. 영재와 달곰이가 반가워 뛰어가자, 박 교장이 다급하게 물었다.

"어디야?"

"여, 여기요."

어 형사는 재빨리 경찰을 배치했다. 그런 뒤 막 반보석의 집으로 들어가려는데, 대문이 열리더니 요리와 혜성이가 나오는 게 아닌가.

"요리 누나! 혜성이 형!"

영재와 달곰이가 반가운 마음에 뛰어가고, 박 교장과 어 형사는 놀란 가슴을 쓸어내렸다.

"들어가 볼까요?"

어 형사가 묻자, 박 교장은 고개를 저으며 대답했다.

"아니. 뭐가 있어야 치지."

돌아오는 차 안에서 어 형사는 노발대발 난리가 났다. 너희 정말 실망이다, 정신이 있는 거냐 없는 거냐, 유명해졌다고 이젠 너희 맘대로냐, 그러려면 어린이 형사 학교 나가서 너희끼리 알아서 해라 등등.

하지만 박 교장은 오는 내내 한마디도 없었고, 학교에 도착하자마자 교장실로 가 버렸다. 화가 안 풀린 어 형사는 아이들에게 벌을 내렸다.

"운동장 열 바퀴!"

아이들은 반항도 못하고 순순히 운동장을 돌기 시작했다. 돌고, 돌고, 또 돌아도 끝날 것 같지 않은 벌. 평소에 열 바퀴 정도는 별것 아니었는데, 오늘은 너무 힘이 들었다. 그러나 죄를 지었으면 벌을 받아야 하는 법! 기다시피 해서 운동장 열 바퀴를 겨우 돌고는 모두 운동장에 큰대자로 눕고 말았다.

"헉헉헉! 물, 물 마시고 싶다."

"나도 시원한 얼음물 한 잔 마시면 딱 좋겠다."

그런데 바로 그때였다.

'얼음?'

얼음이라는 말을 듣자마자 요리는 뭔가 번쩍 스치는 장면이 있었다. 반보석이 얼음물이 든 컵을 눈앞에서 흔들어 대던 장면.

"맞다! 얼음! 얼음이 이상했어. 가라앉은 얼음이 있었어!"

요리의 말에 모두 무슨 소린가 하여 쳐다보았다. 그러자 요리는 벌떡 일어나며 혜성이에게 물었다.

"혜성아! 아까 그 얼음, 이상하지 않았니?"

"얼음? 무슨 얼음?"

"반보석이 먹던 얼음!"

"글쎄 그건 잘 모르겠고, 경찰이 곧 올 거라니까 갑자기 얼음물을 마시는 건 좀 이상했어. 하지만 그냥 열 받았나 생각했지."

"그래, 바로 그거야. 얼음! 다이아몬드는 얼음 속에 있었어."

"얼음 속에?"

요리의 추리

"나머지 얼음은 분명히 물 위에 떠 있었는데, 딱 세 개의 얼음만 물 밑에 가라앉아 있었어요. 얼음은 물보다 비중이 낮기 때문에 물 위에

> **비중이란?**
>
> 어떤 물질의 밀도를 표준 물질(분석할 때 기준으로 삼는 물질)의 밀도로 나눈 값이야. 밀도는 (질량/부피)지. 표준물질은 4℃의 물이나 0℃, 1기압에서의 공기를 써. 비중은 물질의 고유한 특성이어서 모르는 물질을 알아내는 데 유용하게 쓰여.

뜨거든요. 그런데 가라앉았다. 그건 뭔가 무게가 나가는 물건이 그 속에 들어 있다는 뜻이 되는 거죠. 바로 다이아몬드 같은 거."

박 교장과 어 형사는 요리의 추리를 주의 깊게 듣고 있었다.

"그래, 말이 되네. 다이아몬드는 투명하니까 얼음 속에서 잘 보이지 않았겠지. 냉동실에 다이아몬드가 있을 거라고 상상이나 하겠어?"

그새 화가 풀린 어 형사가 요리의 추리에 동의했다. 그러자 다른 아이들도 저마다 의견을 내놓았다.

"그럼 이제 다이아몬드는 반보석의 배 속에 있다는 얘기네."

"그런데 그걸 왜 먹었을까?"

"이제 곧 경찰이 올 거라고 했거든. 걱정이 된 거지."

그러자 어 형사가 말했다.

"그리고 또 한 가지 이상한 점이 있어. 왜 너희를 그냥 풀어 줬을까?"

"맞아, 그것도 이상해요."

모두 맞장구를 치자 이번에는 영재가 자신의 생각을 말했다.

"빨리 다른 곳으로 옮기는 게 낫겠다고 생각한 거 아닐까요? 그래서 돌려 보내고 안심한 틈을 타서 다른 곳으로……?"

그때 혜성이가 벌떡 일어나며 소리쳤다.

"해외로 도망가려는 게 아닐까요? 공항 관리국에 연락해야겠어요."

혜성이는 얼른 공항 관리국에 전화를 해 보았다. 놀랍게도 10분 후 출발하는 타이행 비행기에 벌써 반보석이 타고 있다고 했다.

"어떡하죠?"

어 형사가 묻자 이제껏 가만히 있던 박 교장이 말했다.

"잡아들여! 그리고 초음파 검사 준비해."

"교장 쌤, 아직 아무런 증거가 없잖아요. 추측만 할 뿐이지. 그랬다가 반보석의 몸에서 다이아몬드가 발견되지 않으면 어떡해요?"

"그럴 수도 있겠지. 하지만 난 우리 어린이 과학 형사대를 믿는다."

모두 숙연해졌다. 잘났다고 까불고 말도 안 듣는 아이들을 박 교장은 그래도 믿어 주는 것이다. 아이들의 눈가가 저도 모르게 촉촉해졌다.

다이아몬드를 찾다!

결국 막 이륙하려던 타이행 비행기를 세우고, 경찰이 비행기로 들어가 반보석과 그의 애인을 잡아들였다. 하지만 예상대로 반보석은 자신의 혐의를 완강히 부인했다. 그러자 어 형사가 말했다.

"좋아! 그렇다면 초음파 검사부터 해 보자고."

초음파 검사라는 말에 반보석은 움찔. 하지만 금세 태연한 척하며 오히려 큰소리를 쳤다.

초음파 검사란?

'초음파'는 사람의 귀에 들리는 범위보다 진동수가 커서 사람이 들을 수 없는 소리를 말해. '진동수'란 물체가 1초 동안 진동하는 횟수를 말하지. 초음파는 물체에 부딪쳤을 때 흩어지지 않고 그대로 반사하기 때문에, 최근에는 초음파를 몸속에 쏘아서 반사된 모습을 봄으로써 몸속에 이상한 것이 없는지, 태아는 잘 자라는지 등을 검사하는 방법이 널리 쓰이고 있어. 부작용이 거의 없어서 안심할 수 있대.

"뭐라고? 애를 가진 것도 아닌데 초음파 검사라니! 당신들 이렇게 무고한 시민을 잡아 가두고 맘대로 조사하면 가만 안 있겠어!"

"그러니까 초음파 검사를 해서 아무것도 안 나오면 풀어 준다고."

그러자 반보석은 더 격렬히 저항했다.

"이 사람들이! 경찰이면 다야? 누구 맘대로 검사를 해!"

하지만 결국 반보석은 초음파 검사를 받을 수밖에 없었다. 그리고 다행히 반보석의 배 속에서 세 개의 다이아몬드가 발견되었다.

사건은 해결되었지만 아이들은 전혀 기쁘지 않았다. 그리고 이번 사건으로 많은 것을 깨닫게 되었다. 풀이 잔뜩 죽어 있는 아이들을 보고 박 교장은 부드럽게 말했다.

"난 너희 한 명 한 명을 처음 본 순간부터 믿어 왔다. 그리고 그건 지금도 변함없고, 앞으로도 똑같을 거야. 그걸 잊지 말아라."

"네!"

아픈 만큼 성숙해진다는 말이 있지 않은가! 이번 사건을 계기로 아이들도 마음의 키가 분명히 쑥쑥 자랐을 것이다.

요리가 들려주는 사건 해결의 열쇠

'다이아몬드를 찾아라!'에서 사건을 해결하는 열쇠는 바로 물질의 세 가지 상태와 물이 가진 특별한 성질을 아는 거야.

💡 물질의 세 가지 상태

우리 주변의 물질은 모두 고체, 액체, 기체의 세 가지 상태로 나뉘어. 의자나 책처럼 모양이 일정한 물질은 '고체'라고 해. 물이나 우유처럼 흐르고, 담는 그릇에 따라 모양이 변하는 물질은 '액체'라고 하지. 그리고 공기처럼 모양과 부피가 일정하지 않은 물질은 '기체'라고 해.

💡 물질의 상태 변화와 부피 변화

그런데 물질의 상태는 열이나 압력에 의해 바뀔 수 있어. 고체에 열을 가하거나 압력을 높이면 액체가 되고, 액체에 열을 가하거나 압력을 높이면 기체가 되지. 반대의 과정을 거치면 기체는 액체가, 액체는 고체가 돼. 단, 드라이아이스 같은 물질은 고체가 바로 기체로 바뀌거나 기체가 바로 고체로 바뀌어.

물질은 상태에 따라 그 부피가 달라져. 고체는 분자(물질의 성질을 가지는 가장 작은 알갱이)들 사이의 간격이 좁고, 단단하게 결합되어 있어. 액체가 되면 고체보다 분자 사이의 간격이 넓고, 분자의 운동이 고체보다 활발하지. 그래서 부피가 고체보다 커져. 그렇다면 기체가 되면 어떨까? 기체는 액체보다 분자 사이의 간격이 훨씬 넓고, 분자 운동이 훨씬 더 활발해. 따라서 부피도 훨씬 커지지.

〈고체, 액체, 기체의 분자 모형〉

💡 물의 상태 변화

물의 경우 고체 상태는 얼음, 액체 상태는 물, 기체 상태는 수증기라고 해. 얼음은 0℃에서 녹아서 물이 되고, 100℃가 되면 끓어서 수증기가 되지.

그런데 물은 상태 변화에 따른 부피 변화가 다른 물질과 달라. 페트병에 물을 넣고 얼리면 병이 빵빵해지는 것을 볼 수 있지? 유리병에 물을 가득 넣고 얼리면 병이 깨지지. 이는 물이 액체에서 고체로 변하면 부피가 줄어들지 않고 오히려 늘어난다는 것을 보여 주는 증거야.

물을 차갑게 하면 4℃에서 부피가 가장 작고, 그 이하로 온도가 내려가면 오히려 부피가 늘어. 이는 다른 물질에서는 볼 수 없는 물만의 특성이지.

〈물의 세 가지 상태와 상태 변화〉

💡 얼음이 물에 뜨는 이유

그렇다면 얼음이 물에 뜨는 이유는 뭘까? 그것은 물보다 얼음이 더 가볍기 때문이야. 같은 질량을 가진 물체는 부피가 더 큰 것이 가볍거든. 얼음은 부피가 물보다 커서 물보다 더 가볍지. 그래서 액체인 물 위에 뜨는 거야. 이는 겨울에 강이 위에만 얼어 있는 것과 빙산이 물 위에 떠 있는 것을 보면 잘 알 수 있어.

이를 좀 어려운 말로 하면 '얼음이 물보다 비중이 작다'고 해. 그런데 얼음의 비중은 0.9이고, 물의 비중은 1이야. 그래서 얼음은 물에 뜰 때 10분의 1만큼 떠 있게 되지.

만약 얼음이 물보다 부피가 작다면 얼음은 물에 가라앉을 거야. 그러면 바닥부터 차차 얼어 강과 바다가 모두 얼음이 될 거야. 그러면 물속 생물은 살 수 없겠지?

〈물 위에 뜬 빙산〉

그러니까 잘 생각해 봐. 얼음물에 있는 **얼음은 당연히 물 위에 떠 있어야** 해. 그런데 가라앉았다? 그건 뭔가 **물보다 무거운 물건**이 들어 있다는 얘기야. **얼음 속에 다이아몬드를 넣고** 얼린 거지. 어때, 이젠 알겠지?

■ 핵심 과학 원리 – 전기 회로

사건 4

정전인데 감전 사고?

"그럼 정전인데 감전 사고를 당했다고요?"
정말 이상한 일이다.
아이들은 해결하기 쉽지 않을 것 같다고 생각했다.

경찰청장의 방문

오늘도 아이들은 수업 들으랴 공부하랴 바쁜 하루하루를 보내고 있었다. 그러던 어느 날 점심시간, 한참 수다를 떨며 밥을 먹고 있는데 어디선가 많이 본 얼굴이 나타났으니, 바로 경찰청장이었다. 아이들은 모두 벌떡 일어나 인사를 했다.

"안녕하세요?"

"오, 그래! 우리 어린이 형사들이구먼! 반갑네, 반가워. 하하하!"

경찰청장은 아이들에게 일일이 악수를 청했고, 아이들은 황송한 마음에 얼른 손을 내밀었다. 그러자 경찰청장은 활짝 웃으며 말했다.

"잘~ 부탁하네. 자네들이면 분명히 해결할 수 있을 걸세. 내가 믿지, 하하하."

갑자기 뭘 믿겠다는 것인지? 모두 어안이 벙벙해 있는데, 그때였다.

"나도. 나도 믿지."

낭랑한 목소리와 함께 나타난 여인이 있었으니, 바로 팡팡일보 이수진 기자. 그리고 그 뒤에는 어 형사가 입이 함지박만 해져 웃고 있었다. 뭐가 그리도 좋은지…….

"너희, 뭐 해? 빨리 인사드려."

어 형사가 괜히 나서며 수선을 떨었다.

"안녕하세요?"

"그래. 이번에도 멋진 활약, 기대할게."

이번에도 멋진 활약? 도대체 무슨 말인지……. 경찰청장과 이수진 기자가 가고, 어 형사가 수선을 떨며 따라 나가자 요리가 말했다.

"멋진 활약? 그럼 혹시 사건 터진 게 아닐까?"

역시 예상대로였다. 경찰청장을 배웅하고 돌아온 어 형사가 말했다.

"청장님 친구가 쓰러져 의식을 잃고 입원해 계시대. 처음엔 지병인 심장병으로 인한 심장마비인 줄 알았더니, 정밀 검사를 한 결과 내부 장기가 가벼운 화상을 입었다는 거야. 감전이라는 거지."

"감전이요?"

영재가 귀가 솔깃해 물었다.

"응. 그런데 문제는 그때 집에 같이 있던 관리인의 말로는 분명히 정전이었다는 거야."

"그럼 정전인데 감전 사고를 당했다고요?"

정말 이상한 일이다. 아이들은 해결하기 쉽지 않을 것 같다고 생각했다.

배순남과 그의 부인

배순남. 경찰청장의 고교 동창. 은행장이었다가 지난해 퇴직. 10년 전 이혼하고 혼자 살다 올해 초 재혼하고 경기도의 전원주택으로 이사.

일단 박 교장과 달곰이, 요리는 배순남을 보러 병원으로 가고, 어 형사와 혜성이, 영재는 사건 현장에 가 보기로 했다.

병원에 가 보니, 배순남은 아직 의식이 돌아오지 않은 상태였고, 재혼한 젊은 아내 김미영이 그의 곁을 지키고 있었다. 박 교장이 물었다.

"그날 사건에 대해 좀 자세히 말씀해 주시죠."

"전 그날 그곳에 없었어요. 친정에 갔거든요. 방 실장이 연락을 해서 병원으로 바로 왔어요."

"방 실장이라면?"

"저희 집 관리인이에요."

"아, 예. 남편이 평소 지병이 있었다고 하던데요?"

"네. 심장병이 있어요. 그래서 항상 주의를 했죠. 그래서 전 처음엔 심장병 때문에 쓰러진 줄 알았어요. 그런데 말이 돼요? 정전이었다는데 감전 사고라니! 전 도저히 이해할 수가 없어요."

그러면서 김미영은 눈물을 뚝뚝 흘렸다.

박 교장이 김미영에게 이것저것 더 물어보는 동안, 요리와 달곰이는 먼저 병실을 나와 처음 응급실에서 배순남을 치료한 의사를 만났다.

"처음 병원에 들어왔을 때의 모습을 자세히 말씀해 주세요."

"샤워를 하다 만 모습이었어. 샤워 가운을 입고 있었고 몸과 머리가 젖어 있었지. 처음 발견한 분이 인공호흡을 해서 목숨을 건진 거야."

"처음 발견한 분이라면?"

"글쎄, 젊은 남자였는데……. 여기 보니 방철수 씨라고 되어 있구나."

일단 사건을 종합해 보면, 배순남은 샤워를 하다가 감전되었고, 관리인 방철수가 쓰러진 배순남을 발견해 인공호흡을 한 다음 병원으로 데려왔다. 그리고 그 시각에 부인 김미영은 친정에 가 있었다.

한편, 사건 현장에 도착한 어 형사, 혜성이, 영재는 배순남을 처음 발견한 사람이 방철수라는 요리의 연락을 받고 바로 방철수부터 찾았다. 별채에 있던 방철수는 놀라고 긴장된 표정으로 셋을 맞았다.

"누, 누구신지?"

"아, 예. 죄송합니다. 문이 열려 있어서. 전 어린이 형사 학교의 어수선 형사입니다. 그리고 이쪽은 어린이 과학 형사대 형사들입니다."

"안녕하세요?"

방철수는 당황한 듯한 기색을 감추며 인사를 받았다.

"아, 네. 그런데 무슨 일로?"

"사건이 일어난 날에 배순남 씨를 처음 발견하셨다고 해서요. 좀 자세히 듣고 싶습니다."

그러자 방철수는 일행을 안채의 거실로 안내했다. 그러고는 그날 있었던 일을 차분히 이야기했다.

"막 뉴스를 시작할 때였으니까 그저께 저녁 9시쯤이었을 거예요. 별채에서 텔레비전을 보는데, 갑자기 정전이 되더라고요. 안채도 정전인가 싶어 손전등을 들고 안채로 왔죠. 안채도 불이 다 꺼졌더라고요. 그래서 막 현관문을 열었는데, 은행장님 비명 소리가 들리는 거예요.

놀라서 뛰어 들어갔더니, 은행장님이 마루에 쓰러져 숨을 헐떡거리고 계셨어요. 원래 지병이 있으신 분이라 문제가 생겼나 싶어 얼른 인공호흡을 하고 119를 불러서 병원에 갔지요."

"네. 그랬군요."

그러자 영재가 얼른 질문을 했다.

"그런데 병원에서는 심장병 때문이 아니라 감전 사고라고 하던데, 그때 정전이었다는 건 분명한가요?"

어린아이의 당돌한 질문에 기분이 나빴는지 방철수는 조금은 뚱한 표정으로 대답했다.

> **우리 몸에서 전기가 생긴다?**
>
> 우리 몸에 전류가 흘러 감전되면 전기 충격이 일어나는데, 그러면 우리 몸에서 생기는 전기 신호가 방해를 받아서 위험하지. 여기서 잠깐! 우리 몸에서도 전기가 생긴다고? 신경은 몸 안팎에서 일어나는 여러 가지 자극을 뇌에 전달하기 위해 전기 신호를 일으키지. 그리고 근육이 수축할 때마다 전기가 발생하고, 심장에서도 수축할 때마다 강한 전기가 발생해. 이렇게 신경이나 근육의 세포에서 발생하는 전기 신호의 움직임을 어려운 말로 '활동 전위'라고 해.

"물론이지. 분명히 정전이었어. 별채도, 여기 안채도 깜깜했다니까. 그러니까 손전등을 들고 들어왔지."

"그때 아저씨랑 배순남 씨 말고 이 집에는 아무도 없었나요?"

이번에는 혜성이가 물었다.

"3일에 한 번씩 도우미 아주머니가 오시는데, 그날 낮에 다녀가시고는 아무도 없었어. 사모님도 낮에 친정에 가시고."

그러자 어 형사가 일어나며 말했다.

"그럼 일단 집을 둘러보겠습니다."

아이들과 어 형사는 먼저 배순남이 쓰러진 위치부터 확인했다. 마루

중간, 화장실에서 열 발자국 정도 떨어진 곳이었다. 화장실에서부터 물 묻은 발자국이 아직 남아 있는 것으로 보아 배순남이 샤워하다가 나온 것은 분명한 듯했다. 그 발자국을 따라 화장실로 가니, 샤워 부스 안에는 비눗물이 말라붙어 있었다. 그렇다면 샤워 중 물기 묻은 몸에 전기가 흐르는 것이 닿아서 감전됐다는 얘긴데……. 무엇에 닿아서 감전 사고를 당했을까? 그리고 왜 마루까지 나와서 쓰러졌을까?

"혹시 누군가 침입해서 전기 봉 같은 걸로 감전시킨 건 아닐까요?"

혜성이가 나름대로 추리를 내놓았다.

"정전이었는데 감전을 당했다면 그 방법밖에 없잖아요."

"그럴 수도 있겠군. 좋아, 밖에서 들어온 흔적부터 찾아보자."

셋은 앞문, 뒷문과 창문 등 밖에서 들어올 만한 곳을 샅샅이 살펴보았다. 그러나 어디에도 침입한 흔적은 없었다. 영재가 방철수에게 물었다.

"누전 차단기는 어디 있죠?"

"누전 차단기? 아, 여기!"

방철수가 누전 차단기가 있는 곳을 가르쳐 주었다. 영재는 누전 차단기의 뚜껑을 열고 안에 있는 전기 회로를 자세히 살폈다. 혹시 따로 선이 나간 것은 없는지, 최근 전선이 교체된 것은 없는지……. 어, 그런데 이게 뭐지?

> **누전 차단기란?**
>
> '누전'이란 전깃줄 밖으로 전기가 새는 것을 말해. 누전 차단기는 전기가 여러 가지 원인으로 바깥으로 새어 나가는 것을 막는 장치야. 보통 집의 현관 등에 설치되어 있는데, 집 안에 있는 모든 가전제품과 콘센트, 전등과 연결되어 있지. 아주 적은 양의 전기가 새어 나가도 이를 감지하여 0.03초 이내에 스위치를 작동하여 전기를 차단하니까, 전기로 인한 사고를 사전에 막아 주는 중요한 장치야.

단자함에 있는 전선 하나가 새 전선으로 연결되어 있었다. 최근에 교체한 듯한데, 그렇다면 전선을 별도로 연결해 정전이 되어도 전류가 흐를 수 있게 한 것은 아닐까? 하지만 영재는 일단 모르는 척하고 누전 차단기를 달았다. 이것을 어떻게 연결해 배순남을 살해하려 했는지를 밝혀내기 전까지는 비밀로 해야 할 것 같았다. 방철수가 범인일지도 모르기 때문이다.

"어때? 문제 있어?"

영재가 워낙 한참을 살펴본 터라 어 형사가 물었다.

"아니요. 아무 이상 없는데요."

그러자 방철수는 당연하다는 듯이 말했다.

"그럼요. 그날 누전 차단기가 내려가서 다시 올려 놨거든요. 그때도 아무 이상 없었어요."

"네, 알았습니다. 감사합니다. 그럼 오늘은……."

어 형사가 막 인사를 하려는 순간이었다.

"띠리리리리♬~."

방철수의 휴대 전화가 울렸다. 그러자 그는 얼른 발신자를 확인하더니, 이내 휴대 전화를 꺼 버렸다.

"아, 받으시죠?"

어 형사가 말하자, 방철수는 얼버무렸다.

"아닙니다. 쓸데없는 전화예요."

그러나 우리의 재빠른 혜성이는 발신자를 보았다. 발신자는 '내 사랑 미영'. 분명 애인인 듯한데, 쓸데없는 전화라고 하는 것이 혜성이는 이상하게 느껴졌다.

범인은 누구일까?

그날 밤. 모두 모여 수사 보고를 하는데, 요리가 배순남과 그의 아내 김미영의 이야기를 하자 혜성이가 깜짝 놀라며 물었다.

"뭐라고? 이름이 뭐라고?"

"왜? 김미영."

"내 사랑 미영! 그래, 분명히 미영이었어."

혜성이의 엉뚱한 말에 모두 어리둥절.

"우리가 나오기 직전에 방철수가 휴대 전화를 받았는데, 쓸데없는 전화라며 끊어 버리더라고. 그런데 발신자가 '내 사랑 미영'이었어."

"그렇다면 그 미영이 바로 배순남의 아내 김미영?"

아무려면 그럴 수 있겠는가? 하지만 생각해 보면 김미영의 나이는 38세, 배순남의 나이는 61세, 방철수의 나이는 40세. 어떻게 보면, 김미영은 배순남에게는 너무 어린 부인이고 오히려 방철수와 어울리는 나이이다. 그렇다면 혹시 둘이 애인 사이?

"그래. 그럼 내가 방철수와 김미영의 사이를 좀 더 알아볼게."

요리가 말했다. 그러자 이번엔 영재가 말을 꺼냈다.

"그런데 한 가지 이상한 점이 있어."

모두의 눈이 영재에게 쏠렸다.

"누전 차단기를 열었더니, 전선을 새로 교체한 흔적이 있었어. 누군가 전선을 따로 연결해 정전이 되어도 전기가 흐르게 한 게 분명해."

"그래? 그런데 왜 아까는 이상이 없다고 했어?"

혜성이가 이상하다는 듯이 물었다.

"방철수가 범인일 수도 있잖아. 그러니까 확실한 증거를 찾기 전까지 알리면 안 되지."

그러자 요리가 영재의 머리를 쓰다듬으며 칭찬했다.

"아유, 역시 우리 멋진 형사님이시네. 하하하."

그러자 영재의 얼굴이 홍당무처럼 빨개졌다. 달곰이가 보고 놀렸다.

"어, 영재 얼굴 홍당무 됐다!"

"하하하."

셋이 한바탕 웃자 영재의 얼굴은 더 빨간 홍당무가 되었다.

방철수 애인, 김미영

다음 날, 병원에 다시 들른 요리는 방철수와 김미영이 함께 있는 모습을 목격했다. 방철수는 김미영에게 화를 내고 있었다.

"전화를 하면 어떡해. 경찰 있는데!"

"아니, 난 갔을 줄 알고 걱정이 돼서……."

"하여튼 조심해. 우리 관계 밝혀지면 제일 먼저 의심받아. 알지?"

"알았어. 당신도 조심해."

"아이 참, 재수가 없으려니까 일이 꼬이네, 꼬여."

이런! 역시 예상대로 둘은 애인 관계? 그렇다면 왜 김미영은 애인을 놔두고 배순남과 결혼했을까? 그리고 김미영은 왜 하필이면 애인인 방철수를 관리인으로 고용했을까? 박 교장의 말에 따르면 배순남은 은행장을 지내면서 주식, 부동산 투자 등으로 꽤 많은 돈을 벌었단다. 그렇다면 혹시 배순남의 재산을 노리고? 그래, 충분히 가능하다. 요리는 김미영과 방철수가 점점 더 의심스럽게 느껴졌다.

한편, 영재와 혜성이는 다시 배순남의 집으로 갔다. 누전 차단기에서 빼낸 전선이 어디로 연결되었는지 찾아내기 위해서였다. 별장에 가 보니 방철수는 없고 도우미 아주머니만 있었다. 3일에 한 번씩 온다는 그 아주머니였다. 그런데 도우미 아주머니는 아이들이 형사라고 하자 갑자기 얼굴 표정이 바뀌며 말했다.

정전인데 감전 사고?

"이게 수사에 도움이 될지 잘 모르겠는데, 좀 이상한 것이 있어."
영재와 혜성이는 귀가 솔깃해졌다.
"이상한 거요? 말씀해 보세요."
아이들이 재촉하자 아주머니는 잠시 머뭇거리더니 말문을 열었다.
"거실 서랍장 손잡이가 바뀌었어."
"서랍장 손잡이요?"
"응. 원래는 쇠로 된 손잡이였는데, 은행장님이 병원 가신 다음 날에 보니까 플라스틱 손잡이로 바뀌었어. 이상하지 않니?"
"그게 어떤 건데요?"

영재가 묻자 도우미 아주머니는 직접 아이들을 데리고 가더니 한 서랍장을 가리켰다. 아이들이 살펴보니, 고풍스런 서랍장 분위기와 전혀 어울리지 않는 플라스틱 손잡이가 달려 있는 것이었다. 그것도 새 손잡이. 순간, 영재는 바로 이거다 싶었다.

영재는 서랍장 안을 뒤지기 시작했다. 하나씩 샅샅이 뒤진 결과, 한 서랍안쪽 벽에 작은 구멍이 나 있는 것을 발견했다. 그렇다면 이 구멍을 통해 누전 차단기에서 따로 빼낸 선을 쇠로 만든 손잡이와 연결했다는 것인가? 그러면 전기 회로가 만들어져 정전이 되어도 서랍 손잡이에는 전류가 흘렀을 테니까. 그런데 왜 하필이면 이 서랍일까? 영재가 그런 의문을 품고 있을 때 마침 혜성이가 말했다.

"어, 손전등이 들어 있네."

맞다, 손전등!

"그래, 이제 알겠어! 배순남은 샤워하다가 불이 나가자 손전등을 찾기 위해 이 서랍을 열려고 손잡이를 잡았어. 그 순간, 손잡이에 연결된 전기 회로를 통해 흐르던 전류에 감전된 거야."

그러자 혜성이가 자신의 의견을 내놓았다.

"그렇다면 범인은 정전이 됐을 때 배순남이 손전등을 찾기 위해 이 서랍을 열 것을 알고 있었다는 얘긴데!"

순간, 둘의 눈이 마주치고, 둘은 동시에 소리쳤다.

"방철수!"

범인은 방철수와 김미영?

결국 방철수와 김미영이 용의 선상에 오르고, 두 사람은 경찰서로 연행되어 조사를 받게 되었다.

"김미영과 애인 사이 맞죠?"

어 형사가 묻자, 방철수는 처음에는 절대 아니라며 어떻게 사모님하고 그럴 수가 있냐고 딱 잡아뗐다. 그러나 요리가 병원에서 목격한 상황을 이야기하고 방철수의 휴대 전화에 저장된 '내 사랑 미영'의 전화번호가 김미영의 전화번호와 일치한다는 사실이 밝혀지자, 방철수는 할 수 없이 둘의 사이를 인정했다.

"맞아요. 하지만 그건 이 사건과는 아무런 관련이 없어요."

"배순남의 재산을 노리고 일부러 김미영을 배순남과 결혼하게 해서 그 재산이 김미영에게 상속되도록 한 다음, 배순남을 죽이고 재산을 차지한다. 시나리오 딱 나오잖아!"

어 형사의 말에 방철수는 얼굴이 사색이 되더니, 한동안 아무 말도 못 하는 게 아닌가! 그러더니 방철수는 더듬거리며 입을 열었다.

"그, 그건 사, 사실이에요. 하지만 은행장님을 죽이려고 한 건 우리가 아니에요. 그랬다면 왜 은행장님이 숨을 헐떡거리고 있을 때 그냥 두지 인공호흡까지 하면서 살리려고 했겠어요."

그것도 맞는 말이었다. 둘이 계획하여 저지른 범행이라면 일이 '제대로' 되어 가는데 배순남을 살려 낼 필요는 없었을 것이다.

"그럼 손잡이는 왜 바꿨어?"

"손잡이요? 무슨 손잡이요?"

"어허! 모르는 척하지 마. 거실 서랍장 손잡이. 원래 쇠로 된 거였는데, 범행을 저지른 다음 범행을 숨기려고 플라스틱으로 바꿨잖아!"

"무, 무슨 말인지! 난 거실 서랍장 손잡이가 쇠였는지 플라스틱이었는지도 자세히 몰라요. 정말이에요. 그건 정말 모르는 일이에요."

한편, 박 교장은 김미영을 추궁하고 있었다. 아무리 용의자이긴 하지만 현재 경찰청장 친구의 부인이니 함부로 대할 수는 없는 일이었다. 그러나 의외로 김미영은 순순히 말을 하기 시작했다.

"알아내셨군요. 말씀하신 대로예요. 철수 씨와 저는 애인 사이였어요. 그런데 철수 씨가 하던 사업이 망하는 바람에 살아갈 길이 막막하게 되었죠. 그때 제가 일하던 커피숍에서 우연히 은행장님을 만났어요.

은행장님이 이혼하고 혼자 사는 돈 많은 분이라는 걸 알게 되자 철수 씨가 저에게 그분과 결혼해서 사업 자금이라도 좀 뜯어내 같이 도망가자고 했어요. 하지만 죽일 생각은 전혀 없었어요. 은행장님, 알고 보면 부인도 자식도 없이 참 외롭게 사신 분이거든요. 그래도 저랑 결혼한 분인데, 어떻게 제가 그런 끔찍한 일을 저지르겠어요."

"좋습니다. 그렇다면 혹시 방철수 씨가 혼자 한 일 아닐까요? 김미영 씨가 친정 간 사이에……."

"저도 혹시나 해서 물어봤어요. 그랬더니 아니라고 하더라고요. 저한테까지 거짓말할 사람은 아니니까 그가 한 일도 아닐 거예요."

김미영의 말을 듣고 보니, 거짓말을 하는 것 같지는 않았다. 사건은 다시 미궁으로 빠졌다.

또 한 명의 용의자

다음 날, 어 형사와 혜성이, 영재는 다시 배순남의 집으로 갔다. 방철수와 김미영이 혐의를 완강하게 부인할 뿐만 아니라, 자신들의 무죄를 주장하며 보다 철저한 수사를 요구했기 때문이다. 두 사람이 범인이라는 확실한 물증이 필요하다. 그래서 원점으로 돌아가 사건 현장을 처음부터 다시 살펴보기로 했다.

어 형사가 차를 대는 동안 혜성이와 영재는 김미영이 가르쳐 준 비밀

번호를 누르고 집 안으로 들어갔다. 그때였다. 2층에서 누군가 후다닥 뛰는 소리가 들렸다. 혜성이와 영재의 눈빛이 번쩍 마주쳤다. 둘은 조심스레 2층으로 올라갔다. 혹시 빈집인 줄 알고 도둑이 든 건 아닐까 하는 생각에 등골이 오싹했다. 그러나 막상 2층으로 올라가 방마다 문을 열어 보았더니, 예상과는 달리 아무도 없었다.

"분명히 누군가 있는 것 같았는데."

혜성이의 말에 영재도 맥이 빠져 말했다.

"잘못 들었나?"

그때였다. 2층 베란다 쪽에서 소리가 났다. 얼른 가 보니, 베란다에서 마당으로 난 계단으로 한 여자가 급하게 내려가는 것이 아닌가.

"저기야!"

혜성이와 영재는 누가 먼저랄 것도 없이 마당으로 뛰어나갔다. 여자는 마당을 가로질러 부리나케 도망을

가다가 마침 들어오던 어 형사와 딱 마주치고 말았다. 눈치 빠른 어 형사가 바로 여자를 잡고 나니, 이게 누군가! 바로 도우미 아주머니였다.

오는 날도 아닌데 도우미 아주머니가 왜 왔을까? 게다가 아이들을 보고 왜 도망쳤을까? 혹시 집주인이 없는 사이에 뭔가 훔치기 위해서?

일단 도우미 아주머니를 경찰서로 데려온 어 형사는 계속 그 이유를 다그쳤다. 그러나 도우미 아주머니는 전날 두고 온 물건이 있어서 그걸 가지러 갔다가 급한 일이 생각나서 가는 길이었다고 주장했다. 할 수 없이 어 형사는 가방을 조사해야겠다고 생각했다.

"가방 좀 보여 주시죠."

"아니, 왜 남의 가방을 보려고 해요? 내가 뭐라도 훔쳤을 것 같아요?"

"아니라면 보여 주시죠."

결국 강제로 가방을 조사했는데, 도장이 하나 나오는 것이었다. 그 도장에는 사인펜으로 '인감'이라는 글씨가 씌어 있었다.

"이건 뭐죠? 배순남 씨의 인감도장인 것 같은데!"

그러자 도우미 아주머니는 크게 당황하며 말했다.

"모, 몰라요. 내가 훔친 거 아니에요. 정말이에요."

 범인을 찾다

생각해 보니 정말 이상했다. 거실 서랍장의 손잡이가 바뀐 것을 아이들에게 알려 준 사람이 바로 도우미 아주머니였다. 또 도우미 아주머니가 그 집에서 일하기 시작한 지 6일 만에 사건이 일어났다. 그리고 만약 집이 빈 줄 알고 뭔가를 훔치려고 했다면 당연히 값비싼 물건이어야 할 텐데, 인감도장이라니! 그렇다면 그 인감도장을 이용해 집이나 땅을 사고 파는 등 법률적인 행동을 하려고 한 것은 아닐까?

　어 형사와 아이들은 도우미 아주머니가 이 사건과 관련이 있을 것이라는 생각에 도우미 아주머니의 집을 수색하기로 했다. 그런데 도우미 아주머니의 집에 들어가자마자 깜짝 놀랄 만한 사진을 발견했으니, 바로 배순남의 사진이었다. 젊었을 때 사진이지만 분명히 배순남이었고, 그 옆에는 도우미 아주머니와 두 아이가 있었다.

　"그럼 혹시 그 아주머니가 배순남의 전 부인?"

　요리의 말을 듣고 보니, 정말 사건이 이상하게 돌아가는 것 같았다. 어떻게 전 부인이 전 남편 집의 도우미로 들어갔단 말인가. 또 만약 범인이 그 아주머니라면 어찌 됐든 전 남편인데 왜 죽이려고 했을까?

　어 형사와 아이들은 집 안을 샅샅이 뒤진 끝에, 마침내 베란다에 있는 창고에서 공구 상자 하나를 발견했다. 그리고 그 안에서 배순남의 집 거실 서랍장 손잡이로 쓰인 듯한 쇠 손잡이 여러 개와 장갑, 누전 차단기에 새로 갈아 끼운 전선과 같은 종류의 전선을 찾아냈다.

　"이정민. 나이 58세. 배순남의 전 부인. 10년 전 배순남과 이혼하고 미국으로 갔다가 최근 귀국. 배순남 씨 집에서 사건 6일 전부터 3일에 한 번씩, 오후 3시간씩 도우미를 하셨죠? 용케도 안 들키셨군요."

　박 교장의 말이 끝나자 어 형사가 공구 상자를 내려놓으며 말했다.

　"집에서 증거물 다 나왔어요. 자백하세요."

　그러자 도우미 아주머니는 눈물을 뚝뚝 흘리며 모든 범행을 자백했다.

"그래요. 내가 그랬어요. 젊은 날, 만날 주식 한다고 돈 다 날리는 남편 때문에 나는 고생만 하다 위자료 한 푼 못 받고 이혼했어요. 그리고 두 아이를 데리고 미국으로 이민을 갔죠. 가서도 고생이란 고생은 다 했어요. 그러다 남편이 주식으로 돈을 엄청나게 많이 벌었다는 소식을 들었어요. 그래도 자식에게는 재산을 나누어 주겠지 하는 희망으로 살았는데, 젊은 여자와 재혼을 하다니! 그게 말이 되는 소리예요?"

"그렇다고 남편을 죽이려고 해요?"

박 교장이 기가 막혀 물었다.

"처음부터 그러려고 한 건 아니에요. 그런데 알아보니, 김미영은 방철수와 짜고 남편의 재산을 빼돌릴 목적으로 결혼한 거더라고요. 그래서 남편에게 알려 주려고 만났죠. 그랬더니 남편은 펄쩍 뛰면서 오히려 나를 미친 여자 취급하는 거예요. 게다가 김미영이 모든 재산을 상속하도록 유서를 쓰겠다는데 가만둘 수는 없었어요. 불쌍한 우리 아이들은 어떡하라고요. 정말 어쩔 수 없었어요."

"그럼 인감도장은 왜 훔쳤어요?"

어 형사가 묻자, 도우미 아주머니는 고개를 떨어뜨리며 말했다.

"남편의 의식이 돌아오기 전에 혹시 김미영이랑 방철수가 재산을 가로챌까 봐서요. 흑흑흑."

결국 사건은 김미영에게 재산이 상속되기 전에 아이들이 상속권을 갖도록 하기 위해 전 부인 이정민이 꾸민 계획적인 범행으로 밝혀졌다.

박 교장과 어 형사, 그리고 아이들은 정말 씁쓸한 기분이 들었다. 아무리 돈이 좋지만 돈 때문에 위장 결혼을 계획하고, 돈 때문에 전 남편을 죽이려고 하다니! 박 교장은 아이들에게 세상의 나쁜 부분을 너무 일찍 보여 주는 것 같아 마음이 아팠다.

"하지만 세상엔 나쁜 사람만 있는 건 아냐. 너무 상처받지 마라."

그러자 어 형사도 한마디 했다.

"그래. 생각해 봐. 좋은 사람도 많잖아. 나도 있고, 교장 쌤도 있고, 수진 씨도 있고……."

수진 씨?

"수진 씨가 누군데요?"

다 알면서 묻는 짓궂은 요리의 물음에 어 형사는 얼굴이 새빨개져서 허둥지둥 둘러댔다.

"아, 아니. 마, 말이 헛나왔네. 수, 수진 씨 있잖아. 영화배우 최수진."

"아이, 참! 여기서 영화배우 최수진이 왜 나와요? 팡팡일보 이수진 기자님이라는 거 다 알거든요!"

"혹시 두 분 사귀세요?"

"어쩐지 요즘 어 형사님이 괜히 멋을 부리시더라."

"맞아. 지난번 이 기자님 왔을 때도 졸졸 따라다니면서 정말 좋아하시더라고."

아이들이 저마다 한마디씩 하자, 우리의 어 형사, 어쩔 수 없이 자백을 했다.

"아, 아니야. 내가 언제 졸졸 따라다녔니. 그냥, 그냥 따라다녔지."

"하하하하."

그렇게 모두 함께 크게 웃고 나니, 기분이 풀렸다. 그래, 세상에는 나쁜 사람보다 좋은 사람이 훨씬 더 많아. 바로 우리처럼!

영재가 들려주는
사건 해결의 열쇠

'정전인데 감전 사고?'라는 희한한 사건을 해결하는 열쇠는 전기 회로와 전기가 통하는 물체에 대해 잘 아는 거야.

💡 전기 회로란?

'전기 회로'란 전선, 전구, 전지, 스위치, 모터 등의 전기 부품을 연결해 전기가 흐를 수 있게 만든 길을 말해. 전기 회로는 실제 모양을 그려서 나타낼 수도 있지만 기호로 나타내는 것이 더 편리해. 이렇게 전기 회로를 기호로 나타낸 것을 '전기 회로도'라고 하지.

전기 회로에 연결된 전기 부품이 제대로 작동하려면 전기 회로를 이루는 모든 전기 부품들이 도중에 끊어지지 않고 바르게 이어져야 해. 이와 같이

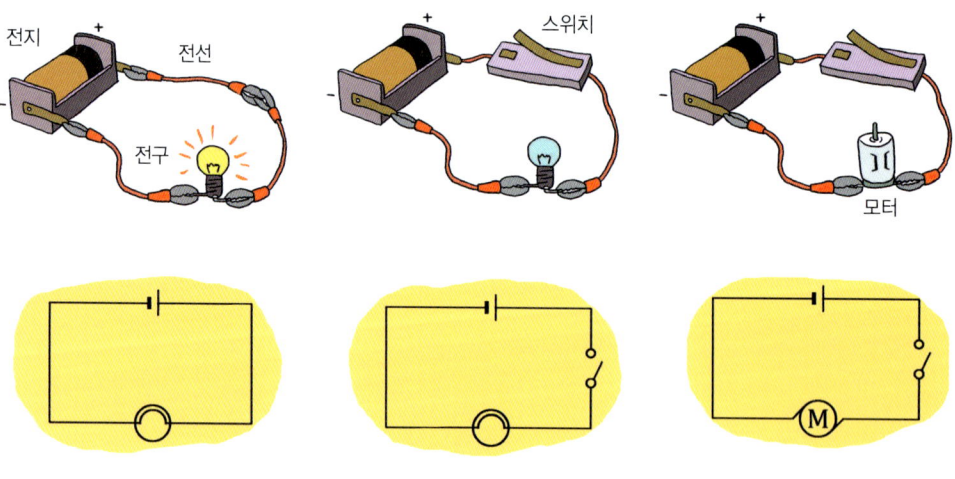

〈전기 회로와 전기 회로도〉

전기 회로가 제대로 연결되어 전기가 통하는 것을 '전류가 흐른다'고 하지.

💡 직렬 연결과 병렬 연결

전기 회로는 대부분 직렬 연결과 병렬 연결로 되어 있어.

직렬 연결은 전기 부품들을 하나의 길로 연결한 거야. 전류가 흐르는 길이 하나지. 병렬 연결은 전기 부품들을 여러 갈래의 길로 연결한 거야. 전류가 흐르는 길이 두 개 이상이지.

전지 하나에 전구를 두 개 연결할 때를 생각해 볼까? 직렬 연결의 경우 전구를 두 개 연결하면 하나 연결할 때보다 어두워져. 하지만 병렬 연결의 경우에는 전구가 두 개로 늘어도 밝기 변화는 크지 않지.

〈전구 두 개의 직렬 연결(왼쪽)과 병렬 연결(오른쪽)〉

그렇다면 전구 하나에 전지를 두 개 연결할 때에는 어떻게 될까? 직렬 연결일 경우에는 전지를 두 개 연결할 때가 하나일 때보다 밝아져. 그런데 병렬 연결의 경우에는 전지를 두 개 연결해도 전구의 밝기는 변함이 없어.

〈전지 두 개의 직렬 연결(왼쪽)과 병렬 연결(오른쪽)〉

직렬 연결과 병렬 연결은 어떤 장단점이 있을까? 직렬 연결은 전기 기구를 한 번에 켜고 끌 수 있어 한꺼번에 통제할 수 있지만, 전압이 낮아지고 전기 기구 하나가 고장나면 전기 회로가 끊어져 다른 전기 기구도 사용할 수 없어. 직렬 연결은 손전등, 장식용 꼬마 전구 등에 쓰이지.

반면에 병렬 연결은 많은 종류의 전기 기구들을 동일한 전압으로 쓸 수 있지만, 전기 기구들을 통제하기 어렵고 전선이 많이 들며 회로 검사가 복잡하지. 병렬 연결은 집 안의 여러 가전제품, 콘센트, 건물의 조명 등에 쓰여.

도체와 부도체

우리 주변에 있는 수많은 물체는 전기가 통하는 물체와 통하지 않는 물체로 나뉘어. 철, 구리, 금, 은 등 대부분의 금속과 산, 알칼리 수용액 등 전기가 통하는 물체를 '도체' 또는 '전도체'라고 해. 유리, 도기, 플라스틱, 종이 등 전기가 잘 통하지 않는 물체는 '부도체'라고 하지.

특히 전기 관련 물건을 만들 때 도체와 부도체가 아주 중요하게 쓰여. 전기가 통해야 하는 곳에는 도체를 쓰고, 전기가 통하면 안 되는 곳에는 부도체를 쓰는 거야. 예를 들면, 전선을 잘 살펴봐. 전기가 통하는 부분은 도체인 구리선을 사용하지만, 겉은 손으로 잡아야 하기 때문에 전기가 통하지 않는 고무로 되어 있지. 또 있어. 플러그에서 콘센트에 꽂아 전기가 통하게 하는 부분은 도체인 금속으로 만들었지만, 손으로 잡는 부분은 전기가 통하지 않게 플라스틱으로 만들었지. 왜냐! 잘못하면 감전 사고가 일어나니까.

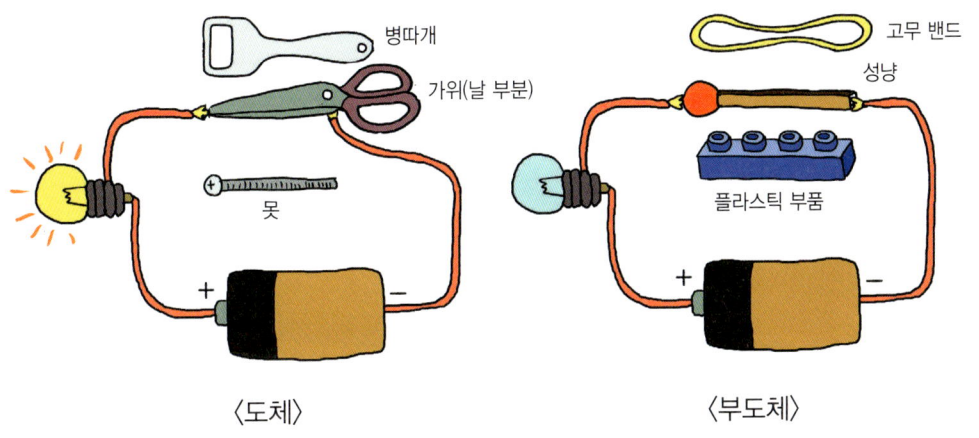

〈도체〉 〈부도체〉

그러니까 잘 생각해 봐. 피해자 배순남의 전 부인 이정민은 사전에 누전 차단기에서 거실 쪽 콘센트의 선을 빼서 누전 차단기가 내려가도 전기가 흐를 수 있도록 한 다음, 그 전선과 쇠로 된 서랍 손잡이를 연결해 전류가 통하는 전기 회로를 만든 거야. 그리고 누전 차단기를 내려 정전이 되게 해서 샤워를 하다 손전등을 찾기 위해 젖은 손으로 서랍 손잡이를 잡은 배순남이 감전되도록 한 거지. 어때, 이젠 알겠지?

■ 핵심 과학 원리 – 꽃

사건 5

생태 공원 살인 사건

그렇다면 왜 하필 이곳에 갖다 버렸을까?
너무도 어울리지 않는 장소인 생태 공원에.

경찰청 사건 의뢰

"얘들아, 빨리 모여. 빨리."

막 수업을 끝내고 나오는데 기다렸다는 듯 어 형사가 수선을 떨었다.

"빨리 빨리! 사건 들어왔어. 살인 사건."

살인 사건이라는 어 형사의 말에 모두 정신이 번쩍! 누가 먼저랄 것도 없이 순식간에 교장실로 달려갔더니, 박 교장은 벌써 수사 기록을 훑어 보고 있었다. 아이들이 모두 모이자 박 교장이 말했다.

"경찰청에서 처음으로 공식적인 수사 의뢰가 내려왔다."

"우아!"

가만! 살인 사건이라는데 이렇게 좋아해도 되는 거야? 하지만 경찰청에서 '어린이 과학 형사대 CSI'에 공식적으로 수사를 의뢰한 것은 이번이 처음. 그만큼 경찰 내에서도 CSI의 실력을 인정하고 있다는 것이니, 좋아해도 될 일이긴 하다.

"자, 그럼 잘 들어. 이름 백수빈. 나이 30세. 직업은 모름. 서울 양포구 어리산 생태 공원 나팔꽃 밭에 쓰려져 있는 것을 관리인 이순식이 어제 오후 5시경 처음 발견, 경찰에 신고. 사망 추정 시간은 전날 밤 12시쯤. 구타당한 흔적이 있고, 급소를 맞아 사망한 것으로 보임."

박 교장이 사건 개요를 설명하자 혜성이가 먼저 질문했다.

"직업을 모르다니요? 직업이 없다는 거예요?"

"아니. 사망 소식을 듣고 올라온 부모님의 말로는 유명 대학을 졸업한 다음에 한참 취직을 못하고 있었대. 그런데 최근 부모님에게 취직했으니까 걱정 말라고 했다는데, 어디에 취직했는지는 모른다는군."

어 형사의 대답에 이번에는 달곰이가 물었다.

"생태 공원이라면 사람이 많을 텐데, 목격자는 더 없나요?"

"마침 어제가 월요일. 생태 공원 휴관일이었다는구나."

어 형사의 말이 끝나자 박 교장이 벌떡 일어나며 말했다.

"자, 그럼 어 형사와 달곰이, 영재는 피해자에 대해 자세히 조사하고 나와 혜성이, 요리는 생태 공원에 가서 현장과 목격자를 조사하자고. 알았나?"

"네!"

> **생태 공원이란?**
>
> 생태계를 복원·보전하여 동식물이 함께 하는 자연환경 속에서 관찰과 학습을 할 수 있도록 만든 공원을 말해. 서울의 길동 자연 생태 공원, 경상도의 우포늪 생태 공원 등 지역마다 다양한 생태 공원이 있어. 그러니까 우리 동네에는 어떤 생태 공원이 있는지 찾아보고 꼭 한번 가 봐. 자연과 친구 되는 아주 좋은 장소야.

 생태 공원에 가다

박 교장과 혜성이, 요리는 곧바로 어리산 생태 공원을 찾았다. 산과 하천을 끼고 있어서 제법 규모가 큰 공원이다. 생태 공원에 도착하니 '임시 휴관' 안내판이 걸려 있었다. 어제 일어난 살인 사건 때문이리라.

공원 관리 사무소를 찾아가니, 관리소장 이상만과 관리반장 이순식이 있었다. 뚱뚱한 체구에 게을러 보이는 이상만은 상당히 기분 나쁘고 귀찮은 표정으로 박 교장을 보자마자 푸념을 늘어놓기 시작했다.

"아니, 생태 공원에서 살인 사건이라니 말이 됩니까? 이것 때문에 위에 보고하고 경찰들 왔다 갔다 하고. 귀찮아서, 정말!"

그렇다고 그냥 넘어갈 박 교장이 아니다. 박 교장은 오히려 상대를 제압하려는 듯 낮고 엄한 목소리로 최대한 예의를 갖추어 물었다.

"소장님, 이곳의 관리 체계와 그날 관리자에 대해 자세히 말씀해 주시죠."

그러자 박 교장의 베테랑 형사다운 모습에 약간은 주눅이 들었는지, 이상만은 몸을 똑바로 하더니 순순히 대답하기 시작했다.

"관리는 두 명이 번갈아 합니다. 여기 이순식 반장은 오전 10시부터 오후 10시까지, 우승호 씨는 오후 10시부터 다음 날 오전 10시까지, 이렇게 2교대로 합니다. 그리고 시신은 여기 이순식 반장이 오후 5시에 발견했다고 하더라고요, 순찰 중에."

"그럼 우승호 씨는 아직 안 나오셨나요?"

"예. 형사님 오신다고 얼른 오라고 전화했는데……. 금방 올 겁니다."

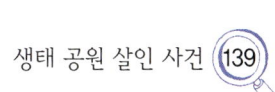

역시 우리의 박 교장, 평소에는 사람 좋은 할아버지 같지만 이럴 때에는 베테랑 형사의 관록이 좔좔 흐른다.

"그렇다면 이순식 씨!"

"네!"

이순식은 박 교장이 부르자마자 벌써 겁을 먹었는지 깜짝 놀라며 대답했다. 작고 깡마른 체구에 검은 피부, 겁먹은 듯한 눈으로 아까부터 이 사람 저 사람 눈치를 보고 있었다. 그러자 박 교장은 이번에는 좀 더 부드러운 표정이 되어 물었다. 이 또한 박 교장의 솜씨 중 하나다.

'거만하고 권위적인 사람에게는 사무적으로 대해 기를 눌러야 제대로 된 답을 얻을 수 있다. 사건 현장을 목격한 사람은 충격이 심하고 두려운 상태이므로 최대한 부드럽고 편안한 마음으로 답하게 하라!'

바로 '심문 심리학'에서 제시하는 전형적인 방법이다. 그러나 이론을 이처럼 실제 수사에 적절히 적용하다니, 역시 박 교장이다.

"놀라셨죠? 그것도 혼자 시신을 봤으니, 상당히 충격이 컸으리라 생각합니다. 그래도 좀 더 자세히 말씀해 주시죠."

그러자 박 교장의 부드러운 태도에 어느 정도 안정감이 들었는지, 이순식은 차분하게 그날의 일을 말하기 시작했다.

"오후 5시쯤이었어요. 한 바퀴 쭉 순찰하고 있었죠. 나팔꽃 밭을 지나가는데 뭔가 사람 같은 것이 엎어져 있는 거예요. 혹시 술 마신 사람인가 싶어서 '여보세요, 여보세요.' 하고 불렀는데 대답이 없더라고요.

깨우려고 가까이 가 보니까 글쎄, 죽어 있는 거예요. 너무 무서워서 무조건 사무실로 뛰었죠. 그리고 경찰에 신고한 거예요."

그러자 이상만이 끼어들었다.

"집에서 쉬고 있는데 이 반장이 전화를 했어요. 사람이 죽었다고. 그래서 처음엔 이 사람 또 술 취해서 헛소리하나 싶어, 술 마셨냐고 냅다 소리를 질렀죠. 그런데 덜덜 떨리는 목소리로 아니라고, 경찰에 신고했으니까 빨리 나오라고 하는 품이 진짜 같았어요. 그래서 허겁지겁 나와 보니까 벌써 경찰들이 와서 사건 현장을 조사하고 있더라고요. 역시 우리 경찰, 빠르긴 빠르던데요. 하하하."

어느새 아부까지 하는 이상만. 대단한 처세술이다. 그런데 요리는 이상만의 말 중에서 '술 취해서 헛소리하나 싶었다.'는 말이 왠지 유난히 귀에 거슬렸다. 그래서 이순식에게 물었다.

"아저씨, 술 좋아하세요?"

그러자 이순식은 화들짝 놀라 손사래를 치며 말했다.

"아, 아니! 이제 안 마셔. 끊었어. 정말이야."

이번에는 혜성이가 물었다.

"그럼 그날 순찰은 한 번만 하셨나요?"

"아, 아니. 오전 11시에 한 번 돌고, 두 번째였어. 두 번째……."

"그럼 첫 번째 순찰하실 때에는 없었군요, 시신이."

"그, 그렇지. 없었지. 없었지."

박 교장은 시간을 생각해 보았다.

'그렇다면 순찰을 돌지 않은 시간, 즉 첫 번째와 두 번째 순찰 사이에 사건이 일어났다는 소린데……. 오전 11시에서 오후 5시 사이.'

"자, 그럼 우리는 한 바퀴 둘러보겠습니다."

박 교장의 말에 이상만은 얼른 이순식에게 명령을 내렸다.

"아, 네. 이 반장, 안내해 드리지."

박 교장과 혜성이, 요리는 이순식의 안내로 나팔꽃 밭으로 갔다. 공원이 워낙 커 관리 사무소에서 나팔꽃 밭까지 가는 데 족히 30분은 걸리는 듯했다. 도착해 보니, 산 아래쪽에 만든 나팔꽃 밭은 가로 5미터에 세로 7미터 정도로 생각보다 넓었다. 현장 보존을 위해 줄을 쳐 놓고 접근을

금지해 놓았는데, 시신이 엎어져 있던 자리에는 그 모양 그대로 나팔꽃들이 눌려 있었다. 혹시 발자국이라도 있을까 하여 살폈으나, 흙과 자갈이 섞인 길이라 발자국을 찾기는 어려웠다. 현장에 폭력의 흔적이 없는 것으로 보아 다른 곳에서 백수빈을 죽였다는 얘기인데, 그렇다면 왜 하필 이곳에 갖다 버렸을까? 너무도 어울리지 않는 장소인 생태 공원에.

다시 관리실로 와 보니, 또 한 명의 관리인이라는 우승호가 와 있었다. 나이는 29세. 키가 크고 나이에 비해 어려 보였다. 고등학교를 졸업하고 여러 일을 하다가 지난해부터 이곳에서 일을 시작했다고 한다.

"그날 몇 시에 퇴근했죠?"

"오전 10시요."

어떻게 보면 조금 우울해 보이기도 하고, 어떻게 보면 많이 긴장했는데 애써 차분한 척하는 것으로 보이기도 했다.

"근무 중에 이상한 소리를 들었다거나 낯선 사람은 못 봤습니까?"

"네."

하기야 시신이 버려졌으리라 예상되는 시간에는 이곳에 없었다고 하니, 특별히 물어볼 말도 없었다. 박 교장은 의례적인 질문을 했다.

"그럼 그날 나와서 어떤 일을 했는지 말씀해 주시죠."

"밤 10시에 나와서 순찰하고 청소하고 책 좀 보다가 새벽 1시쯤 사무실 숙직실에서 잤습니다. 그리고 아침에 일어나 순찰하고 사무실 청소하고 있다가 10시에 이 반장님이 나오셔서 교대하고 갔습니다."

그러고 나서 우승호는 이순식을 빤히 쳐다보았다. 마치 이순식의 동의를 기다리듯이……. 그러자 이순식은 얼른 대답했다.

"어, 그, 그랬지."

순간 약간 불안해하고 당황하는 듯한 이순식의 표정. 우리의 눈치 빠른 요리가 놓치지 않았는데, 지금으로서는 그 이유를 알 수 없었다.

백수빈을 조사하라

한편 어 형사와 달곰이, 영재는 피해자와 주변 인물을 조사하기 시작했다. 일단 백수빈의 부모님에게 연락해 백수빈의 자취방을 찾아가 보니, 이미 6개월 전에 방세를 내지 못해 스스로 나간 상태였다. 이후에 어디에서 살았는지 아는 사람은 아무도 없었다. 최근 6개월간의 행적이 묘연하다는 얘긴데……. 그때 영재에게 번뜩 생각나는 것이 있었다.

"혹시 피해자가 교통 카드 같은 거 갖고 있었나요?"

"교통 카드?"

어 형사가 물었다.

"네. 교통 카드를 썼으면 어디에서 어디로 왔다 갔는지 기록이 남아 있잖아요. 그럼 자주 간 곳을 알고 수사 범위를 좁힐 수 있죠."

역시 영재의 머리 돌아가는 건 알아줘야 한다니까. 경찰청에 연락하니 다행히 교통 카드가 있다고 했다. 교통 카드를 조사해 보니 영재의 말대로 사용 기록이 쭉 나왔다. 최근 백수빈이 가장 많이 오고 간 지역은 대학동과 파라동. 그런데 대학동이라면 백수빈이 자취했다는 바로 이 동네다. 그렇다면 자취방에서 나와서도 이 지역을 벗어나지 않았다는 말인데, 그럼 피해자를 기억하는 사람이 있을 듯했다.

"그럼 하숙집과 쪽방 위주로 쭉 둘러보자."

셋은 백수빈의 사진을 들고 여기저기 다니며 물어보았다. 그리고 다행히 백수빈을 안다는 구멍가게 아주머니를 만났다. 아주머니가 가르쳐 준 곳은 흔히 '쪽방'이라고 하는, 겨우 몸 하나를 눕힐 만한 좁은 방이었다. 방 안에 있는 것이라고는 전공 서적 몇 권과 영어책 몇 권, 옷가지 몇 벌 등의 단출한 세간이 전부였고, 회사나 주변 인물에 대해 알 만한 것은 아무것도 없어 보였다. 바로 그때, 달곰이가 물었다.

"다파라가 뭐예요?"

그러면서 달곰이는 방 한쪽에 쌓여 있는 세제와 샴푸에 붙어 있는 상표를 내보였다.

"다파라? 뭐긴 뭐야. 상표네, 상표."

어 형사가 대강 대답하자, 달곰이가 다시 물었다.

"그런데 이런 상표도 있어요? 전 처음 보는 거라서……."

"아이, 그런 상표가 얼마나 많은데……. 홈 쇼핑에서만 파는 것도 많고, 다단계로 파는 것도 많아."

그 순간, 어 형사의 머리에 떠오르는 것이 있었다. 다단계! 어 형사는 얼른 달곰이가 들고 있는 세제와 샴푸를 빼앗아 들었다.

"그래! 다단계야, 다단계!"

셋은 얼른 학교로 돌아왔다. 수사 결과를 가지고 모인 네 아이들은 어 형사와 함께 다단계 판매 회사 중에서 '다파라'를 찾아보았다.

"있어요. 다파라 인터내셔널. 다단계 회사 맞고요. 파라동에 있어요!"

"파라동!"

파라동이라면 교통 카드에 백수빈이 자주 간 곳으로 기록된 곳이다.

"그러니까 백수빈은 다파라 인터내셔널에 다녔던 거예요."

영재의 단언에 혜성이는 제동을 걸었다.

"하지만 백수빈이 파라동에 많이 갔다는 것과 다파라 제품을 쓴다는 것만 가지고는 거기에 다녔다고 확신할 수 없지."

그러자 영재가 힘주어 말했다.

"그러니까 찾아야지, 증거를!"

요즘 들어 영재가 적극적으로 수사에 뛰어드는 모습, 어 형사는 참 좋은 변화라고 생각했다. 이번에는 요리가 말을 꺼냈다.

"난 아무래도 이순식이 좀 이상해. 술을 아주 좋아하는 거 같더라고. 혹시 제대로 근무하지 않은 게 아닐까? 시간을 착각했을 수도 있고."

"경찰에 신고한 시간이 있으니까 착각하지는 않았겠지. 하지만 이순식도 좀 더 조사해 보자고."

어 형사가 말하자, 달곰이가 조심스레 말을 꺼냈다.

"저……. 내일은 제가 생태 공원에 좀 가 봐도 될까요?"

"왜? 뭐 짚이는 게 있어?"

혜성이가 묻자, 달곰이는 겸연쩍은 듯이 대답했다.

"아니, 생태 공원이 어떤 곳인지 보고 싶어서. 한 번도 안 가 봤거든."

그러자 영재가 얼른 요리에게 말했다.

"그럼 요리 누나가 나랑 같이 다니자. 다파라 인터내셔널에 가서 백수빈이 거기 직원이었는지 확인해 봐야겠어."

영재가 먼저 나서니 모두 의아해했다. 그러나 열심히 하려는 자세, 좋지 않은가! 요리도 흔쾌히 동의했다. 어 형사가 명령을 내렸다.

"좋아. 그럼 내일 영재와 요리는 다파라 인터내셔널에 가고, 달곰이와 혜성이는 다시 생태 공원에 가서 증거가 더 있나 찾아보도록. 이상!"

다파라와 백수빈

다음 날, 요리와 영재는 '다파라 인터내셔널'에 갔다. 겉으로 보기에는 평범한 회사인 듯 양복 입은 젊은 사람들이 수시로 왔다 갔다 했다.

"일단 근처 음식점부터 뒤져 보자. 혹시 아는 사람 있나."

요리의 제안에 둘은 백수빈의 사진을 들고 근처 음식점을 서너 군데 찾았다. 그중 한 분식점에서 백수빈을 안다는 아주머니를 만났다.

"그 총각, 저기 앞에 있는 회사에 다녀."

"다파라 인터내셔널이요?"

"그래, 거기. 거기 다니는 총각들 점심 먹으러 여기 자주 오거든. 거의 매일. 아, 그런데 요 며칠 안 보이네. 그 친한 친구도 그렇고……."

"친한 친구요? 혹시 이름 아세요?"

요리가 다그쳐 물었다. 그러자 아주머니는 손사래를 치며 말했다.

"아유, 이름이야 모르지. 하여간 이 사람이랑 자주 같이 오던 사람 있어. 키 좀 크고 얼굴 작은……."

"인상착의를 좀 더 자세히 말씀해 주세요."

"그냥 그렇게 생겼어. 아유, 바쁜데……."

아주머니는 괜히 복잡한 일에 얽히기 싫은 듯 더 이상의 대답을 피해 버렸다. 할 수 없이 분식점에서 나온 영재와 요리는 다파라 인터내셔널로 갔다. 강당에서 시끄러운 마이크 소리가 나는 것을 보니 마침 모두 모여 교육을 받고 있는 듯했고, 다행히 복도에는 한 사람도 없었다. 둘은 사무실로 몰래 들어갔다. 요리는 망을 보고, 영재는 얼른 직원 명단이 든 컴퓨터 파일을 찾았다. 다행히 손쉽게 파일을 찾은 영재는 얼른 USB 플래시 드라이브에 그 파일을 복사했다. 둘은 재빨리 사무실을 나섰다.

> **USB(유에스비) 플래시 드라이브란?**
>
> 'USB 메모리'라고도 해. 컴퓨터 앞이나 뒤를 보면 조그만 직사각형의 연결 지점이 있어. 그 지점을 'USB 포트'라고 하는데, 키보드, 프린터, 디지털 카메라 등 많은 장치를 연결하지. 그중에서 USB 포트에 꽂을 수 있게 만든 조그만 휴대용 저장 장치를 'USB 플래시 드라이브'라고 해. 일반 디스크보다 정보를 훨씬 많이 저장할 수 있고 사용이 간편해서 많이 이용하지.

그런데 이런! 막 교육이 끝났는지 한 무리의 사람들이 몰려나오는 것이 아닌가. 순간, 요리는 영재를 얼른 화장실로 끌고 들어갔다. 그런데 들어가 보니 여자 화장실. 요리야 상관없지만, 영재는 좀 당황스러웠다. 하지만 이 상황에 나갈 수도 없었다. 사람들이 다 지나갈 때까지 기다리는 수밖에……. 시간이 지나고 복도가 조용해지는 듯해 살짝 내다보니, 이런! 또다시 복도가 시끌벅적해지며 한 무리의 사람들이 지나갔다. 할 수 없이 다시 화장실로 몸을 숨겼는데, 들리는 소리가 심상치 않았다.

"살려 주세요. 그냥 내보내만 주세요."

"시끄러! 들어올 땐 맘대로지만 나갈 땐 곤란하지. 따라와!"

둘이 살짝 내다보니, 양복 입은 한 사람이 서너 명의 덩치 좋은 남자들에게 질질 끌려가고 있었다.

"어떡하지? 나간다고 하니까 때리려나 봐."

영재의 말에 요리도 동의했다. 그럼 방법은 하나. 둘은 곧바로 전화로 어 형사에게 사실을 알렸다. 그리고 나서 사람들이 몰려간 곳을 따라가 보니, 지하 창고였다. 창고 문 너머로 때리는 소리가 들렸다.

"빨리 경찰이 와야 될 텐데!"

곧 경찰이 들이닥치고, 다파라 일당은 폭력 혐의로 체포되었다.

나팔꽃 밭의 비밀

달곰이와 혜성이는 이른 아침 어리산 생태 공원을 찾았다. 이른 시간이라 그런지 초록의 상큼함이 가슴속 깊이 스며드는 것 같았다. 관리 사무소를 보니 아무도 없었다. 우승호가 나와 있을 시간인데 순찰 나간 듯했다. 혜성이가 나팔꽃 밭으로 달곰이를 데려가는데, 달곰이는 완전 흥분 상태였다. 이렇게 좋은 자연 학습장이 있다니. 그것도 서울 한복판에! 달곰이는 감탄에 또 감탄을 했다. 그동안 책에서만 보았던 갖가지 식물부터 시골에서만 볼 수 있는 곤충들, 게다가 습지 생물까지.

"소금쟁이다! 이것 봐, 부들도 있어."

꼭 소시지같이 생긴 풀인 부들을 보고 호들갑을 떠는 달곰이를 보니, 혜성이는 괜히 웃음이 나왔다.

"어이구~, 그렇게 좋냐? 사건 해결되면 다시 와 보자."

"정말? 고마워, 형. 아, 이거 선물!"

달곰이가 무당벌레를 혜성이의 팔에 살짝 놓으니 깜짝 놀란 혜성이, 이리 뛰고 저리 뛰고 난리가 났다.

"으악~, 벌레다!"

이런! 폼생 폼사 나혜성, 오늘 스타일 완전히 구기는구나.

소금쟁이가 물 위를 갈 수 있는 까닭은?

소금쟁이는 워낙 몸이 가볍고 몸의 아랫면이 가느다란 털로 빽빽이 덮여 있는 데다가, 털에서 기름이 나와 물에 젖지 않아. 또 다리 끝이 물 표면과 나란히 꺾어 있지. 소금쟁이의 기름과 물 표면 사이의 부착력보다 물의 표면 장력(물 표면이 얇은 막처럼 되어 있도록 만드는 힘)이 커서 물 표면이 소금쟁이를 밀어내기 때문에 물 위를 갈 수 있는 거야.

생태 공원 살인 사건

"난 벌레, 제일 싫어한단 말이야."

혜성이가 심지어 울먹이기까지 하니, 달곰이는 그 모습이 재미있어 배꼽을 잡았다. 그렇게 장난을 치며 올라가니, 어느새 나팔꽃 밭이 나왔다. 달곰이는 가만히 나팔꽃 밭을 살폈다. 그러더니 대번에 말했다.

"나팔꽃이 이상해."

혜성이가 이유를 말해 주었다.

"아, 시신에 나팔꽃이 눌려서 이렇게 된 거야."

"그건 아는데, 잘 봐. 눌린 나팔꽃이 피어 있잖아."

"당연하지. 이것 봐. 여기 안 눌린 나팔꽃도 피어 있잖아."

그러자 달곰이는 심각한 표정을 지으며 말했다.

"지금은 이른 시간이라서 피어 있는 거야. 나팔꽃은 아침 일찍 폈다가 오므라들거든. 그러니까 시신이 버려졌을 시간인 오전 11시부터 오후 5시까지는 꽃잎을 오므리고 있어야 해. 그렇다면 눌린 나팔꽃은 꽃잎을 오므린 상태여야 하는데, 봐. 모두 활짝 피어 있잖아."

달곰이의 말에 혜성이도 이상하다는 생각이 들었다.

"그럼 나팔꽃이 피어 있는 이른 아침에 시신을 버렸다는 말이네."

"그렇지. 그런데 이순식 반장이 오전에도 순찰했다고 하지 않았어?"

"그랬지. 11시에 순찰할 때에는 분명히 시신이 없었다고 했어."

그렇다면 이순식이 거짓말을 한 것인가? 그가 의심스럽다는 요리의 느낌이 맞는 게 아닐까? 그렇다면 우승호도 시신을 보았어야 하는데!

그때, 한 송이의 나팔꽃 속에서 뭔가 반짝반짝 빛을 냈다.

"어, 이게 뭐지?"

혜성이가 장갑을 끼고 조심스레 꺼내 보니, 바로 큐빅이었다.

"옷이나 넥타이에 붙어 있다가 떨어진 것 같은데?"

그러자 달곰이가 소리쳤다.

"이거 범인이 시신을 버리다가 떨어뜨렸을 수도 있겠다!"

"지난번에 왔을 땐 못 봤는데?"

"지난번엔 오후에 왔잖아. 꽃잎이 오므라들어 있었으니까 안 보였지."

"그런데 지금은 활짝 펴 있으니까 보였다! 좋아, 빨리 지문 검식하자."

"그래. 그리고 내려가다가 우승호 씨도 잠깐 만나 보자. 혹시 모르잖아. 봤는데도 못 봤다고 했는지."

그런데 관리 사무소에 가 보니, 여전히 비어 있었다.

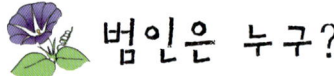 범인은 누구?

한편, 어 형사는 다파라 일당에게 백수빈의 사진을 들이밀며 백수빈에게도 같은 방법으로 범행을 저지른 것이 아니냐고 몰아붙였다. 그러나 그중 제일 우두머리인 양막수는 능청스럽게 대꾸했다.

"물론 백수빈이 다파라의 직원이었던 것은 사실이에요. 하지만 그만두고 나갔다고요. 일주일 넘게 만난 적도 없는데 어떻게 죽여요."

양막수는 오히려 증거가 있으면 대 보라고 큰소리쳤다. 당연히 다른 일당들도 다 똑같은 대답을 하며 혐의를 계속 부인했다. 그러나 혐의를 입증할 명백한 증거가 없어 할 수 없이 이들을 폭력 혐의로만 구속했다.

한편, 영재와 요리는 다파라에서 가져온 파일에서 백수빈의 인적 사항이 적힌 부분을 찾았다. 그런데 자세히 살펴본 결과, 놀라운 사실을 발견했다. 백수빈을 다파라에 데리고 온 사람이 바로 우승호였던 것이다.

"우승호라면, 그 생태 공원 관리인?"

전날 만난 적이 있는 요리가 말했다.

"맞아. 아까 식당 아주머니가 백수빈의 친구가 키 크고 얼굴이 작다고 했지. 우승호도 그렇게 생겼어!"

그러자 영재가 의문을 제기했다.

"그렇다면 우승호도 다파라 직원인데, 왜 피해자가 자기 친구인 줄 알면서도 전혀 모르는 척했지?"

"그러고 보니 정말 수상하다."

마침 달곰이와 혜성이가 돌아오고, 아이들은 이 사실을 박 교장과 어 형사에게 알렸다. 박 교장은 바로 우승호와 이순식을 데려오도록 명령했다. 그런데 우승호는 벌써 생태 공원을 그만둔 상태였다. 그의 집으로 경찰이 출동하고, 먼저 온 이순식부터 심문이 시작되었다.

"시신이 나팔꽃 밭에 버려진 건 이른 아침. 그건 시신 밑에 깔린 나팔꽃이 증명하죠. 그럼 오전 11시에 순찰할 때 시신을 봤을 텐데요.

이순식 씨, 왜 거짓말했어요!"

어 형사가 다그쳐 묻자, 이순식은 잔뜩 겁먹은 표정으로 자백했다.

"자, 잘못했어요. 주, 죽을죄를 지었어요. 소, 솔직히 전날 술을 많이 마시고 오후 2시가 돼서야 출근했어요. 그리고도 술이 안 깨서 자다가 4시 반이 되어서야 일어났죠. 그리고 나서 순찰을 하다가 시신을 발견했어요. 그러니까 5시에 봤다는 거, 그건 정말이에요."

"그런데 왜 오전에 순찰했다고 거짓말했죠?"

"수, 술 때문에 자꾸 늦게 나오니까 소장님이 한 번만 더 늦게 나오면 자른다고 하셔서……. 그래서 할 수 없이……."

그러자 이번에는 혜성이가 물었다.

"그때 우승호 씨가 10시에 교대했다고 말했잖아요. 그럼 우승호 씨가 10시에 나가는 거 못 보셨겠네요."

"그래. 내가 월요일에는 항상 늦게 나오니까 안 기다리고 가거든."

이순식은 오전에 순찰을 했다고 거짓말한 위증죄만 인정했다. 그리고 잠시 후 우승호가 잡혀 왔는데 하루 사이 많이 여윈 모습이었다.

"이제 다 털어놓으세요. 어떻게 된 일이죠?"

어 형사의 말에 우승호는 잠시 머뭇거렸다.

"백수빈을 다파라에 소개한 사람이 우승호 씨잖아요. 그리고 시신이 나팔꽃 밭에 버려진 시간은 이른 아침. 분명히 당신이 생태 공원에 있었을 시간이죠. 그런데도 몰랐다고요? 왜 거짓말했어요!"

어 형사가 증거를 대며 호통치자, 우승호는 갑자기 울음을 터뜨렸다. 그러고는 체념한 듯 자백하기 시작했다.

"맞아요. 수빈이는 제 고등학교 동창이에요. 몇 달 전에 우연히 길에서 만났는데, 아직 취직을 못했다고 하기에 다파라에 소개했죠. 그때까지는 저도 다파라가 최고의 회사라고 믿었거든요. 그런데 시간이 지날수록 말로만 듣던 불법 피라미드 조직이라는 걸 알게 됐어요. 여기저기 빚만 늘고 회사를 나가려고 해도 나갈 수 없었어요."

"왜요?"

"그러다 반죽음 당하는 사람들을 자꾸 보게 되니까……. 도망가도 금방 잡혀 오고……. 그래서 너무 무서웠거든요."

예상대로 다파라는 폭력 조직까지 개입된 불법 피라미드 조직이었다.

"그런데 수빈이가 자꾸 나가겠다는 거예요. 당연히 조직에서는 안 된다고 계속 폭력을 쓰고. 그러다 수빈이가 일주일 전쯤 도망을 갔어요. '다행이다, 다시 잡혀 오지 말아라.' 했는데, 그날 밤 수빈이가 공원으로 절 찾아왔어요. 그런데 그걸 어떻게 알고 놈들이 들이닥치더니 수빈이를 끌고 갔어요. 따라가려고 했지만 너무 겁이 나서……."

"그럼 친구가 죽었는지 몰랐나요?"

"그땐 몰랐어요. 날이 밝자마자 수빈이가 숨어 있다고 말한 여관에 가 보니 없는 거예요. 혹시 어떻게 된 게 아닌가 싶어 다파라에 가 봤죠. 그런데 양막수가 그러더라고요. 전날 자신들이 생태 공원에 갔던 일과 수빈이를 끌고 나간 일, 아무한테도 말하지 말라고. 말하면 쥐도 새도 모르게 죽여 버리겠다고. 하지만 죽었을 줄은 몰랐어요."

"그럼 언제 백수빈 씨가 죽었는지 알게 되었나요?"

"그날 아침에요. 하지만 양막수의 말이 생각나서 신고할 수가 없었어요. 잘못했습니다. 처음부터 사실대로 말했어야 했는데, 죽을까 봐 겁이 나서. 흑흑흑."

바로 그때였다. 박 교장이 들어오며 말했다.

"큐빅에서 양막수의 지문이 발견됐어. 양막수와 다파라 일당, 백수빈 폭행 치사 혐의도 추가해."

"네!"

어 형사가 나가자 박 교장은 울고 있는 우승호의 어깨를 두드리며 위로했다.

"괜찮습니다. 이제 다 끝났습니다."

 어떤 형사가 될 것인가

"교장 선생님, 정말 멋져. 친구를 잃은 슬픔과 친구를 잃고도 죽을까 봐 신고하지 못했던 자책감까지도 감싸 안아 주시잖아."

요리의 말에 혜성이도 거들었다.

"그래. 어제 생태 공원 갔을 때도 봤잖아. 거만한 관리소장을 단번에 제압하고, 목격자한테는 한없이 부드럽게 대하는 거."

그러자 달곰이도 한마디 했다.

"그건 기술이 아니라 마음이야. 따뜻한 마음. 교장 쌤한테서만 느낄 수 있는 마음."

"아이고~, 우리 교장 쌤 팬클럽 회장, 반달곰. 오죽하시겠어!"

혜성이가 장난을 치자 요리가 진지하게 물었다.

"너희는 어떤 형사가 되고 싶어? 범인 잘 잡는 형사?"

순간, 모두들 할 말을 잃었다. 그렇다! 왜 한 번도 그런 생각을 해 보지 않았을까? 그냥 사건 해결하고 칭찬받는 것이 좋긴 했다. 어린이 형사라는 근사한 타이틀에 스타로 대접해 주는 것도 좋았다. 그러나 정작 스스로는 어떤 형사가 될지 한 번도 심각하게 고민한 적이 없으니…….

오늘 밤은 괜히 잠 못 이루는 밤이 될 것 같다.

달곰이가 들려주는
사건 해결의 열쇠

'생태 공원 살인 사건'을 해결하는 열쇠는 꽃에 대해 잘 아는 거야. 잘 알고 있겠지만, 꽃마다 활짝 피는 계절이 다 다르잖아? 또 낮에만 피는 꽃이 있는 반면에 밤에만 피는 꽃도 있지.

💡 꽃의 구조는 어떨까?

꽃은 보통 수술, 암술, 꽃잎, 꽃받침으로 이루어져 있어. 수술은 꽃가루를 만드는 기관이야. 수술은 수술대와 그 끝에 달린 작은 주머니로 된 꽃밥으로 이루어져 있는데, 이 꽃밥에서 꽃가루가 만들어져.

암술은 씨를 만드는 기관이야. 암술대와 그 위쪽에 달린 암술머리, 밑씨를 가진 씨방으로 이루어져 있지.

수술과 암술을 보호하기 위해 꽃잎이 한 번 감싸 주고, 그 바깥쪽에서 꽃받침이 다시 한 번 감싸 준단다.

하지만 모든 꽃이 수술, 암술, 꽃잎, 꽃받침을 다 갖추고 있지는 않아. 네 가지를 다 가지고 있는 꽃을 '갖춘꽃'이라고 하는데, 나팔꽃, 무궁화, 진달래 등이 속하지. 그리고 꽃잎이 없는 분꽃이나 꽃받침이 없는 튤립처럼 네 가지를 다 갖추고 있지 않은 꽃을 '안갖춘꽃'이라고 해.

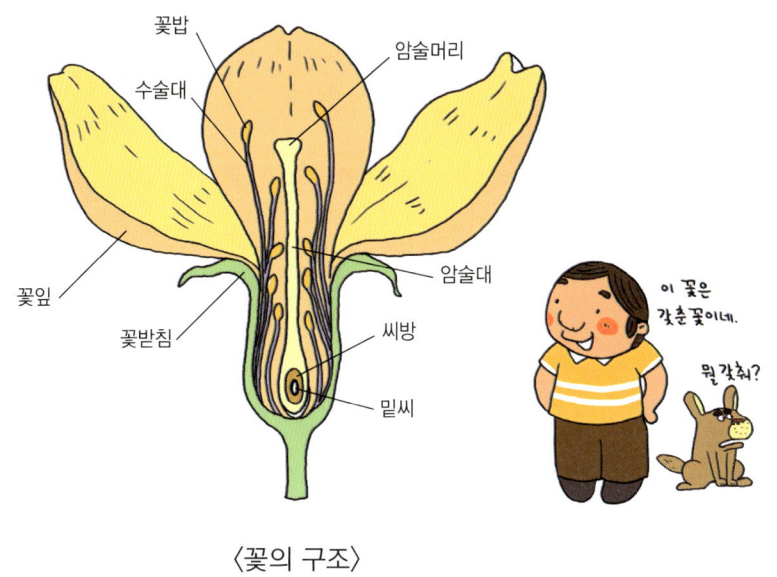

〈꽃의 구조〉

💡 꽃가루받이는 어떻게 할까?

꽃은 '종족 번식'을 위해 피는 거야. 식물이 대를 잇기 위해서는 씨가 만들어져야 해. 그러려면 수술에서 만들어진 꽃가루가 암술머리에 붙어야 하는데, 이를 '꽃가루받이'라고 하지. 식물은 움직이지 못하기 때문에 곤충, 새, 물, 바람 등의 도움을 받아야 꽃가루받이를 할 수 있어.

1. 충매화

벌이나 나비 같은 곤충의 도움으로 꽃가루받이를 하는 꽃을 '충매화'라고 해. 충매화는 꽃잎이나 꽃받침이 화려하고, 향긋한 꽃내음과 달콤한 꿀을 가지고 있지.

〈범부채〉

2. 풍매화

소나무, 옥수수, 벼와 같이 바람의 도움으로 꽃가루받이를 하는 꽃을 '풍매화'라고 해. 이런 식물은 꽃가루가 아주 가볍고, 암꽃에 비해 수꽃이 훨씬 많이 피어서 꽃가루를 많이 만들어.

〈소나무〉

3. 수매화

나사말, 물수세미, 연꽃과 같이 물의 도움으로 꽃가루를 옮기는 꽃을 '수매화'라고 해. 물 위에 수꽃과 암꽃이 떠다니다 부딪히거나 꽃가루가 물 속에 흩어져서 꽃가루받이를 하지.

〈물수세미〉

4. 조매화

동백꽃은 동박새가 꽃가루를 옮겨 줘. 이렇게 새의 도움으로 꽃가루받이를 하는 꽃을 '조매화'라고 해. 조매화는 새가 좋아하는 빨간색이 많고, 향기가 없어.

〈동백꽃〉

💡 꽃 피는 시각

꽃에 따라서는 하루 중에도 꽃이 피는 시각이 다 다르기도 해. 나팔꽃은 새벽에 피기 시작해 아침 일찍 활짝 피었다가 져. 분꽃은 오후 4~5시 이후에 꽃이 피고 새벽에 져. 달맞이꽃은 밤이 되어야 꽃이 피고 아침에 져. 이런 현상은 24시간마다 반복되지.

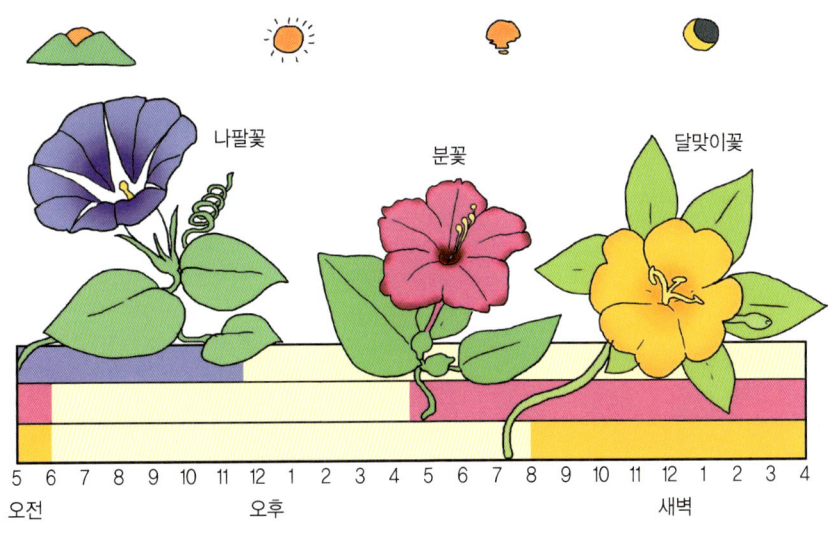

〈나팔꽃, 분꽃, 달맞이꽃이 피는 때〉

 이렇게 꽃마다 피는 시간이 다른 이유는 뭘까? 식물은 광합성을 하는 양이 정해져 있어서, 자신에게 충분히 광합성을 했다 싶으면 꽃이 오므라들어서 광합성을 그만하도록 진화되었기 때문이래.

 그러니까 잘 생각해 봐. 백수빈의 시신 밑에 깔려 있던 나팔꽃은 활짝 피어 있었어. 그건 바로 백수빈의 시신이 나팔꽃이 피는 이른 아침에 버려졌다는 것을 뜻하는 거야. 그래서 목격자인 이순식과 우승호가 거짓 증언을 한 것을 입증했고, 사건 현장을 다시 조사하게 되어 사건이 해결된 거지. 어때, 이젠 알겠지?

CSI, 방학을 기대하며

한 학기가 끝나 갈 무렵, 기말 고사도 끝나고 방학만 기다리면 되는데도 아이들은 늘 바쁜 시간을 보내고 있었다.

달곰이는 온실과 생물학 연구실에서,

혜성이는 옥상에 설치한 천체 망원경 앞에서,

영재는 전기 공학 실험실에서,

그리고 요리는 화학 요리 연구실에서 저마다의 연구와 공부에 시간 가는 줄 몰랐다.

어린이 과학 형사대 CSI의 대 활약! 4권에서 계속됩니다.

특별 활동

CSI, 함께 놀며 훈련하다!

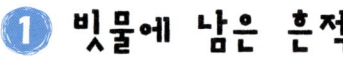

❶ 빗물에 남은 흔적

비가 내리는 것을 보면 맑은 물줄기가 떨어지는 것 같지? 그렇지만 빗물 속에는 우리가 모르는 것들이 들어 있을 수 있어. 무엇인지 한 번 볼까?

준비물: 그릇 두 개, 빗물, 수돗물

❶ 비가 내릴 때 그릇을 밖에 내놓아서 빗물을 받는다.

❷ 똑같은 그릇에 수돗물이나 정수기에서 거른 물을 받는다.

❸ 두 그릇을 햇볕이 잘 드는 창가에 두고, 물을 증발시킨다.

결과가 어때? 수돗물이 마른 그릇 바닥에는 아무것도 남지 않았지? 그렇다면 이번에는 빗물이 마른 그릇을 살펴보자. 빗물은 공기 중에 떠 있는 물질을 담고 땅으로 떨어져. 그래서 우리 동네의 공기가 맑지 않으면 빗물이 마른 그릇 바닥에는 먼지 등의 이물질이 있지. 우리 동네 공기, 어때?

② 꽃잎 색깔 찾아내기

꽃잎의 색은 참 예쁘지? 노랑, 분홍, 빨강. 하지만 한 가지 색으로 보이는 꽃잎도 색을 분리하면 한 가지 색이 아니라는 것을 알 수 있지.

우아! 이게 뭐야? 알록달록한 줄무늬가 생겼네. 분명히 분홍색 꽃이었는데 보라색에 노란색까지 나오고, 분명히 노란색 꽃이었는데 연두색에 초록색까지! 꽃잎에 들어 있는 색소는 저마다 거름종이를 타고 올라가는 속도가 다르기 때문에 색이 따로따로 분리되는 거야. 어때, 신기하지?

❶ 고무풍선 만조와 간조

달과 태양이 지구를 끌어당기는 힘이 만조와 간조에 영향을 준다는 것이 이해가 안 된다고? 그럼 잘 늘어나는 고무풍선으로 간단하게 실험해 보자.

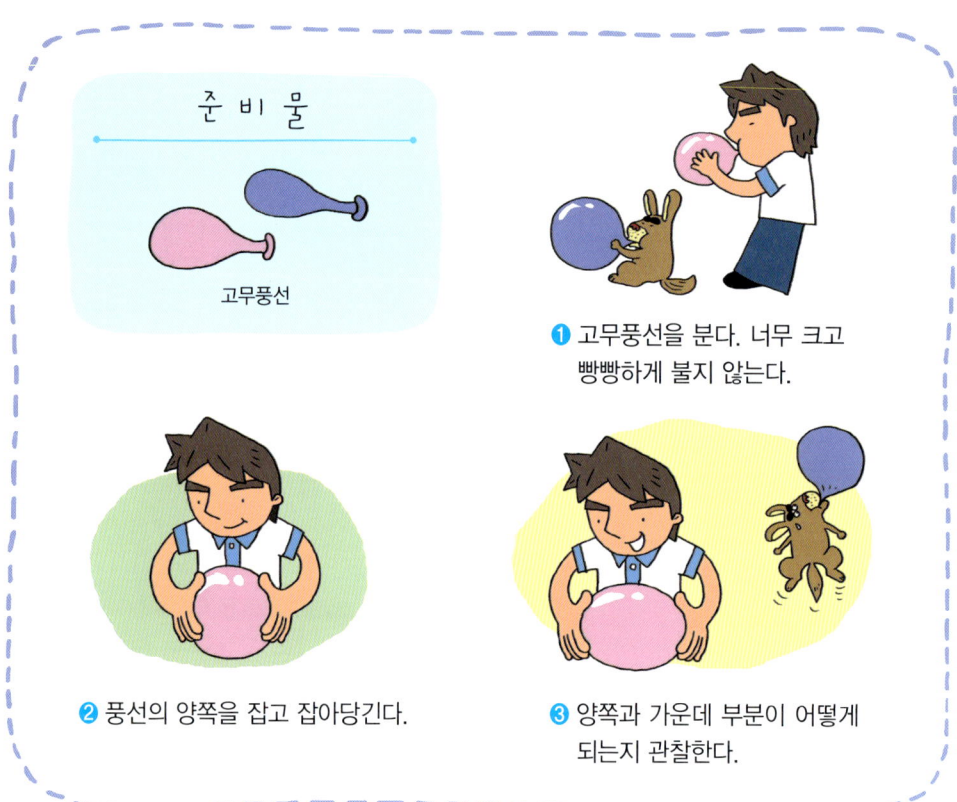

준비물: 고무풍선

❶ 고무풍선을 분다. 너무 크고 빵빵하게 불지 않는다.
❷ 풍선의 양쪽을 잡고 잡아당긴다.
❸ 양쪽과 가운데 부분이 어떻게 되는지 관찰한다.

고무풍선의 양쪽을 잡아당겨 보니까, 어때? 잡아당긴 부분은 볼록해지는 반면, 가운데는 납작해지지? 이처럼 달과 태양이 바닷물을 잡아당기는 쪽과 그 반대쪽에서는 바닷물이 볼록하게 부풀어올라. 그런데 바닷물의 양은 정해져 있으니까 양 옆으로 바닷물이 다 끌려가면 잡아당기지 않는 부분은 바닷물이 줄어들면서 땅이 드러나게 되지. 그래서 만조와 간조가 생기는 거야. 간단하지?

2 파도 만들기

바다에 가면 파도가 치지? 파도가 치는 데에는 바람의 영향이 커. 자, 그럼 바람으로 만드는 파도 놀이, 같이 해 볼래?

① 세숫대야에 물을 가득 담는다.

② 약한 바람을 보내 물결이 이는 것을 관찰한다.

③ 센 바람을 보내 물결이 이는 것을 관찰한다.

어때? 바람이 불면 물결이 출렁이기 시작하지? 약한 바람에는 약하게 출렁출렁, 센 바람에는 세게 출렁출렁! 바로 파도가 만들어지는 거지. 이 실험은 입으로 불어서 해도 돼. 쉽지?

요리랑 함께 하는 신기한 놀이

1 얼음 사이로 철사 통과하기

짠! 지금부터 얼음 사이로 철사를 통과하는 멋진 묘기를 보여 주지. 물론 얼음을 자르지 않고 그대로. 가능하냐고? 물론이지! 궁금하면 따라 해 봐.

우아, 철사가 얼음 속으로 들어가더니 점점 얼음 사이를 통과하지? 원리는 아주 간단해. 철사 양쪽에 매달린 무거운 추가 철사를 통해 얼음에 압력을 가하면, 철사가 닿는 부분은 녹아서 물이 되지. 하지만 주위가 온통 얼음이니까 물은 금방 다시 얼게 되고, 이렇게 철사가 닿는 부분이 계속 녹았다 다시 얼면서 철사가 얼음을 통과하게 되는 거야.

❷ 얼음 빨리 녹이기

친구와 같이 얼음 빨리 녹이기 대결을 펼쳐 봐. 다른 도구는 아무것도 사용할 수 없고 딱 한 가지! 몸만 사용할 수 있지. 자, 어떻게 하면 좋을까?

한 가지 좋은 방법을 알려줄까? 바로 얼음을 손 위에 놓고 꼭 쥐는 거야. 왜냐고? 얼음을 녹이려면 온도를 높이거나 압력을 높여야 되잖아. 일단 우리 몸의 체온은 36.5℃. 얼음보다 따뜻하니까 충분하지. 거기에 꼭 쥐어서 압력을 높이면 훨씬 더 빨리 녹일 수 있다는 사실! 물론 얼음 쥔 손이 금방 차가워질 테니까 양손을 번갈아 사용하는 게 좋겠지?

영재랑 함께 하는 신기한 놀이

① 도체일까? 부도체일까?

간단한 전기 회로를 만드는 법은 잘 알고 있지? 좋아, 그럼 일단 도체인지 부도체인지 궁금한 것 모두 다 집합! 자, 이제 시작해 볼까?

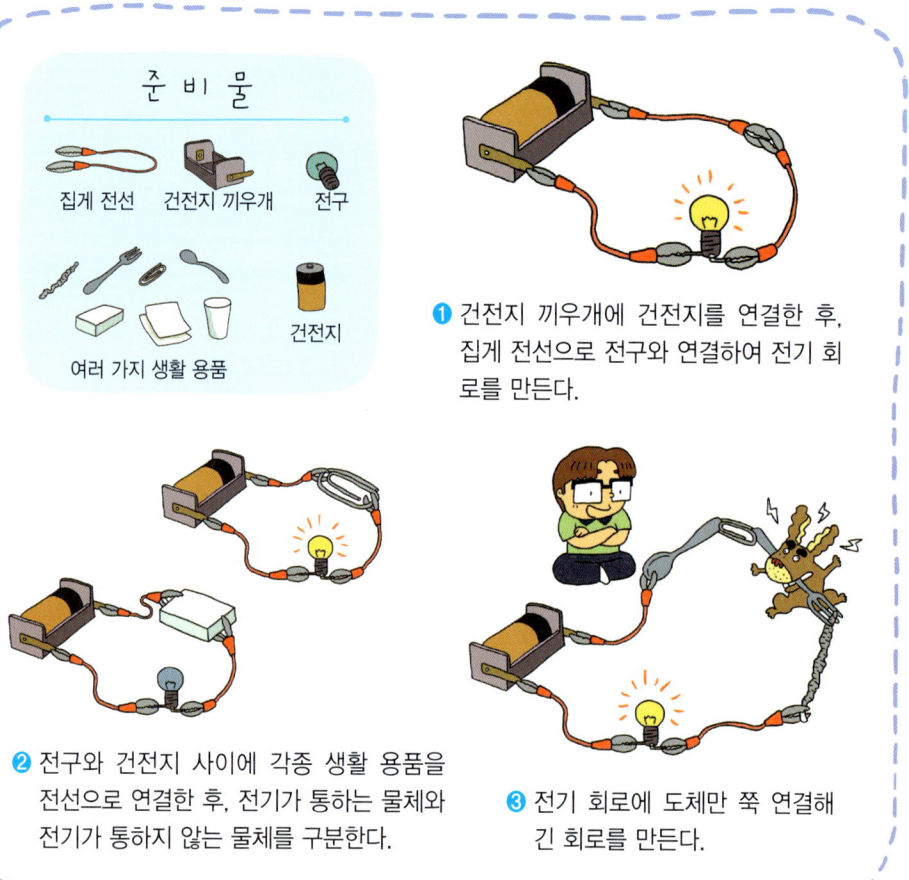

준비물: 집게 전선, 건전지 끼우개, 전구, 여러 가지 생활 용품, 건전지

❶ 건전지 끼우개에 건전지를 연결한 후, 집게 전선으로 전구와 연결하여 전기 회로를 만든다.

❷ 전구와 건전지 사이에 각종 생활 용품을 전선으로 연결한 후, 전기가 통하는 물체와 전기가 통하지 않는 물체를 구분한다.

❸ 전기 회로에 도체만 쭉 연결해 긴 회로를 만든다.

어때? 전기 회로가 있으니까 도체와 부도체를 간단하게 가려낼 수 있지? 포크에 알루미늄 포일에 뒤집개, 숟가락까지. 이렇게 만든 전기 회로 봤어? 처음 봤다고? 그러니까 더 재미있지. 가만, 그렇다면 연필심은 도체일까, 부도체일까? 궁금하지? 한번 해 봐!

② 물도 전기가 통할까?

물도 전기가 통할까? 소금물은? 궁금하지? 그럼 해 보면 되지. 하지만 이번에는 물속에 넣어야 하니까 좀 더 특별한 전기 회로를 만들어 보자고.

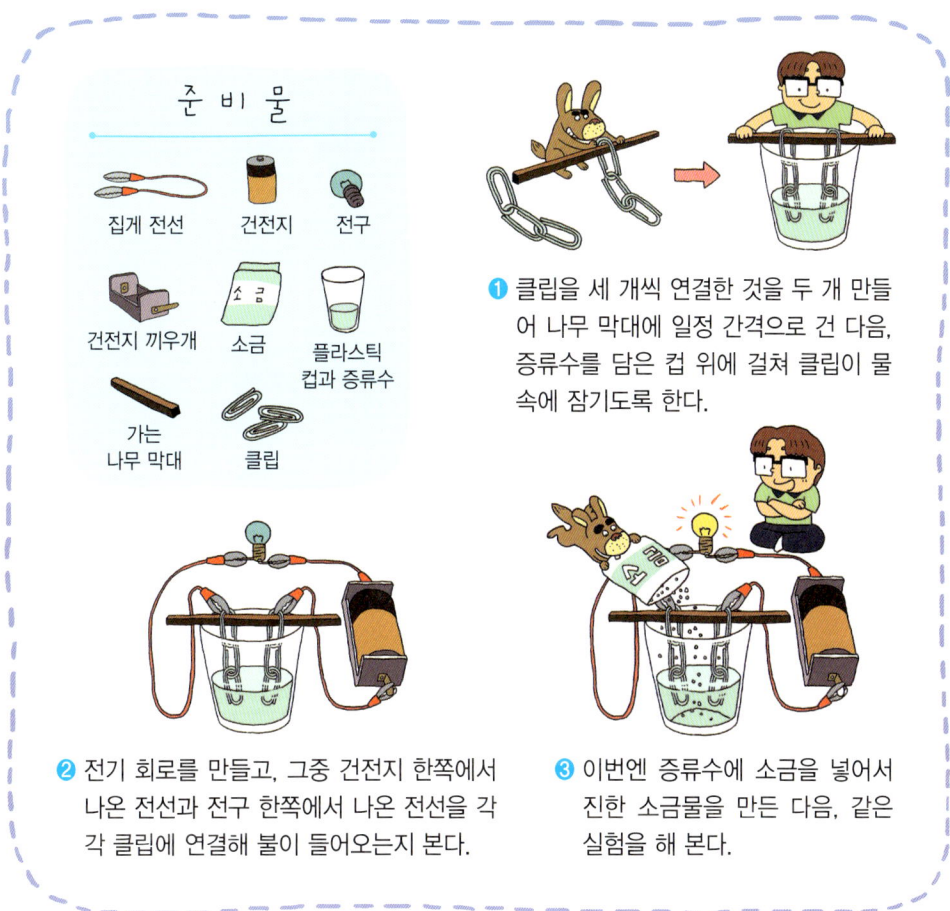

어때? 증류수에 넣었을 때에는 전구에 불이 들어오지 않는데, 소금물에 넣었을 때에는 불이 들어오잖아? 바로 전기가 통한다는 뜻이지. 그런데 더 신기한 것은 소금은 고체일 때에는 전기가 통하지 않는데, 물에 녹아 소금물이 되면 전기가 통한다는 거야. 어때, 신기하지?

찾아보기

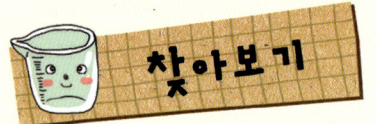    

ㄱ
간조 65, 71
갖춘꽃 160
갯벌 47
고체 100
곡류 25
기체 100
꽃 피는 시각 162
꽃가루받이 161
꽃받침 160
꽃잎 160

ㄴ
누전 113
누전 차단기 113

ㄷ
달 71, 72
도체 132
돋보기 50
동물 플랑크톤 53

ㅁ
만조 65, 70

먹이 연쇄 42
먹이 피라미드 42
무기 물질 41
물 101
미나마타병 43
밀물 63, 70

ㅂ
병렬 연결 131
부도체 132
분해자 41
비생물적인 요소 41
비중 96

ㅅ
사(4)급수 23
삼(3)급수 23
삼(3)차 소비자 41
생물적인 요소 41
생태 공원 138
생태계 41
소금쟁이 151
쇠백로 15

수매화 162
수술 160
수증기 101
식물 플랑크톤 53
썰물 63, 70

ㅇ
안갖춘꽃 160
암술 160
액체 100
얼음 101
USB 포트 149
USB 플래시 드라이브 149
이(2)급수 23
이(2)차 소비자 41
인력 71
일(1)급수 23
일(1)차 소비자 41

ㅈ
전기 회로 130
전기 회로도 130
전류가 흐른다 131

조매화 162
조석 70
조차 71
중금속 24
중금속 오염 24
직렬 연결 131

ㅊ
초음파 98
초음파 검사 98
충매화 161

ㅌ
태양 71

ㅍ
풍매화 162
플랑크톤 53

ㅎ
환경오염 40
활동 전위 112